友好行為

給教師與家長終結霸凌的八把金鑰

Signe Whitson 著

王慧婷 校閱

林靜君 譯

8 KEYS TO
END BULLYING

STRATEGIES FOR
PARENTS & SCHOOLS

SIGNE WHITSON

目次 c o n t e n t s

　　Signe Whitson 是領有美國社會工作師執照的學校輔導員和作者，也是生存空間危機介入研究所（Life Space Crisis Intervention Institute）的總理，並在全國為家長和專業人士舉辦無數場關於終結霸凌和幫助孩子管理憤怒情緒的策略演講和研習班。

●● 王慧婷

學歷：美國州立華盛頓大學特殊教育博士
現任：國立台灣師範大學特殊教育學系副教授

譯者簡介

●● 林靜君

學歷：台灣高雄醫學大學復健醫學系（1993）

　　　美國哈佛聯盟麻州總醫院健康照護研究院物理治療博士（DPT, 2004）

現任：台灣高雄醫學大學附設臨床物理治療師／臨床指導教師

　　　中國北京長和系國際醫療投資管理有限公司專家顧問

　　　台灣衛生福利部身心障礙鑑定人員

　　　台灣物理治療學會會員

　　　台灣老年學暨老年學會會員

經歷：台灣高雄醫學大學學生國際醫療志願服務北印度帶隊老師

　　　台灣高雄市身心障礙福利需求評估人員

　　　台灣高雄市身心障礙福利需求專家審核委員

　　　林靜君是一名超過二十多年經驗的資深物理治療師和臨床物理治療指導教師。除了豐富的臨床醫學教育及治療個案經驗外，她還作為國際醫學學生志願服務者導師，積極從事醫療志願服務計畫。已於美國麻州社區及印度孟買、加爾各答、新德里、菩提伽耶，進行一般社區與貧民區兒童、青少年及社區婦女與年長者的身體檢查、促進健康體適能發展、提供流行病衛教與預防知識之醫療志願服務。

　　霸凌是學生社交動態行為的一部分,雖然霸凌看似受害者需親身經歷,然而,電腦、電子郵件的發明及線上社交網站的出現,為霸凌帶來其他面向的問題。而且,霸凌當然不僅是易受傷害兒童或青少年族群會面臨的問題,成人也可能是霸凌受害者,特別是(但不僅只限於)在工作場所。

　　霸凌雖然總是被認為是一個不嚴重的社會問題,但在最近幾十年來,霸凌得到越來越多社會大眾的關心。隨著媒體報導越來越多的暴力事件、槍擊事件、自殺等等,諸多事件的原因,似乎都歸咎於霸凌所造成的傷害。許多心理學家、促進心智健康的專業人員及研究人員,陸續投入了終結霸凌的研究,有關霸凌研究的數量正在迅速增加中。

　　探討有關霸凌議題的書一直都是八把金鑰心理衛生叢書系列最優先考慮的主題。問題是應該由誰來執筆呢?看到 Signe Whitson 頗受歡迎的網站、部落格和她以前的出版品,Signe Whitson 顯然是辯論霸凌相關議題的最佳人選。長久以來她既是作家也是教育家的身分,讓她致力於終結霸凌這個議題,她有著無可限量的知識、經驗、敏銳、機智和大量的愛心努力投入終結霸凌。所以,毫無疑問的,她是站在被霸凌這一邊的,真心希望能終結霸凌。同時,她也意識到如果將霸凌的定義下得太淡化、廣泛且平常,就有可能不被重視且被誤導。所以,首先,也是最重要的,她明確地從不太嚴重、只是不愉快的種種社交互動衝突,如粗魯行為和單純的卑劣行為,來與霸凌行為做區別。這樣區分的同時,她也強調真正霸凌行為的嚴重後果,甚至有時候會是一個悲劇性的結果,

並一再強調兒童與青少年的霸凌行為，真的是一個很常見的問題。

不論為霸凌受害者、霸凌參與者或旁觀者，我們許多人都記得童年時，自己或是同儕曾經經歷一次或多次的霸凌事件。我也還記得一些，但有一個特別印象深刻。小學三年級的某天，一個同學突然問我是不是「男人婆」，從小我喜歡爬樹、跑步和運動，而且我聽過家裡人對喜歡做這類事情的女生使用過這個詞，所以我天真爽朗的回答：「是的。」說真的，我還以為這個詞會讓我交到新朋友，因為我看到她也跟我一樣喜歡做同樣的事情，心想她應該是在找一個志同道合的朋友吧！然而，過了一晚，「男人婆」成為她和與她同夥的同學口中的髒話，只要一有機會，她們就會用「男人婆」來揶揄、排斥我。

這最初只是單純的試圖與對方建構友好關係的互動，卻變成了我後來的噩夢。我不記得這情形到底持續了多久，應該也有幾天或幾週吧！但在這段時間裡我這個「男人婆」是不准與同學坐在學校餐廳裡共進午餐，或參與任何班上集體與分組遊戲的。我當然不相信學校所有人都參與了揶揄、排斥我的行動，但人數多到讓我的學校生活非常的困擾與艱難。我記得我每天都哭著乞求我的父母不要送我去上學，縱使我那具有高度同情心和同理心的父母，也不知道該如何來幫我。當年大家都知道什麼是霸凌，但它常常被認為是童年正常成長生活的一部分。在1958年的那個年代，沒有人意識到霸凌的嚴重性其實是可以粉碎一個孩子的心靈。

後來，我的父母堅持要我還擊，雖然那時我並不知道這意味著什麼，也不記得我的父母是怎麼教我的，但我最後仍然下定決心不再給對方霸凌我的機會。有一天，在課間休息時，我們每個人在安排好的球賽位置，有位同學挑釁地對我說：「我不希望男人婆在我的隊伍裡。」我終於鼓起勇氣堅定地回答：「那就請你離開這個隊伍！」奇妙的是（幸運的是），從此不再有「男人婆」這個問題了。當然，大多數的霸凌都

不是那麼輕易就能結束，所以我認為我真的很幸運，因為我自己是在無家長或老師的介入下（除了父母親的精神支持）終結霸凌的。雖然我的例子並不是霸凌形式中最糟糕的一種，因為我並沒有絕望到想自殺，然而那段時間，這個霸凌事件仍然造成我參加團體活動時的不安全感，對我的生活造成不小的影響。

　　本書的內容正如標題所承諾的，幫助讀者確定問題根源，提供具體的每把金鑰策略去終結霸凌。Whitson 用一種親切、友好的寫作風格，給家長、教師、學校管理人員和社區領導人具體有效的介入方法，以及明確有益的終結霸凌指引。雖然許多新聞報導聚焦於霸凌所造成的傷害，但是其實也有相當數量令人振奮的反霸凌小勝利或大勝利的例子。Whitson 除了引用兩邊的例子外，書中也包括了範例對話，提供給想要介入處理霸凌困難局面，但又不知道該怎麼說怎麼做的人參考。書中的句子都是可以實際運用在您與孩子、您與學生、您與被霸凌者父母的交談過程，並且在每把金鑰的最後都是以能夠立即付諸使用的十個可行策略為結尾。

　　在這八把金鑰裡，Whitson 特別指出旁觀者的角色在終結霸凌的核心作用。幾年前的某一天，我多麼希望能有她這些指引和策略去造福他人！那天我見證了一個受人尊敬的精神科醫師當著全場（120 位或更多專業的心理諮商師）的面羞辱霸凌一個研討會參與者，我震驚到嚇傻了眼。您可以想像冰凍的空氣，好似可用一把刀劃開一樣，而我自己則震驚到被凍結在當下，其他人應該也是如此，因為沒有人說或做了什麼。我還在困擾著我無能反應、無能停止攻擊，或對幾分鐘後獨自離開講堂的被霸凌者提供支持，被醫師霸凌的研討會參與者在幾分鐘後，獨自離開講堂（並從此不再返回研討會會場）。直到現在，我仍然覺得太可怕了。我想，當時我們都被醫師的傲慢和地位嚇到，也大概怕在專業領域受到反擊，或陷入我們自己童年受霸凌的記憶而癱瘓。之後，我發誓，

我永遠不會讓這樣的情況重演，幸運的是，直到現在我都還沒有機會測試這個誓言。那次的經驗還提醒了我，任何人，包括孩子們，要勇敢站出來對抗施暴者是一件多麼不容易的事情。即使是見多識廣有主見的成人，也會發現自己在霸凌事件發生的當下癱軟得無法採取任何行動。然而，現在由於 Whitson 的書，我覺得我被滿滿的終結霸凌指引策略所供應、提振及支持，未來能對付各種霸凌情況的出現了。

Whitson 在整本書的每個頁面，都將誠摯的人性關懷投注在孩子們的身上，她給了我們希望，讓讀者知道不只不需要容忍霸凌，而且，透過指引和策略的處理，霸凌是可以被終結的。

叢書主編

Rabette Rothschild

校閱者序

　　陸陸續續看到新聞報導一些被霸凌者身心受創的社會霸凌案件，霸凌可能發生在校園、職場、網路，要解決社會霸凌，標籤化或懲罰都無濟於事。霸凌議題不是只存在於身心障礙孩子的周遭，它是個跟每個人都有密切相關的議題。我們或許以為霸凌只專屬某些人，例如有心害人者或倒楣成為箭靶者，我們不是前者，且似乎我們成了倒楣鬼之後，後者才跟我們有關。然而，霸凌議題其實是跟這兩極端之外的人最相關，也就是你我這些看似無關的旁觀者。旁觀者代表的是社會的縮影，當旁觀者對霸凌者的行為視若無睹或有著深怕涉入後的麻煩及不知所措時，則霸凌者將繼續帶著他脫韁的靈魂在這他覓得的管道上釋放能量借予解決其社交問題，而被霸凌者也可能因為善良不會反擊，繼續過著提心吊膽的日子。我們以為將霸凌者繩之以法，並教導被霸凌者反擊事情就可以解決，而其實最需要引導學習的是旁觀者。唯有社會大眾共同關心參與社會改變，學會從根本預防霸凌的產生才是上道！

　　霸凌議題之所以複雜且變數多元，是因為霸凌者有時並不是我們想像中非黑即白的壞人，有些時候他們是有能力、有好人緣且光鮮亮麗的那群人；有些時候他們是受創的那群人；有些時候他們是霸凌的受害者轉變而來。被霸凌者乍聽之下好像都是手無縛雞之力者，但有些時候他們是因為過度敏感特質而常常覺得不舒服；有些時候他們不覺得自己有受到任何委屈而僅是旁人同理心下的感受；有些時候他們只是某些情境下的被霸凌者，在另一情境下他亦擁有令人皺眉的霸凌者身分。別忘了這些人都仍可能成為某些情境的旁觀者呢！因之，從單一事件來「處

理」霸凌與被霸凌者行為，往往無法切中要害打破霸凌的惡循環。以上都在說明每一個人在霸凌議題中扮演的重要性；每一個人的參與、每一個人的關心，共同建立友善社會環境才能一勞永逸。或許我們認為「融合」是個遙不可及的理想，但社會環境逐漸點滴改變中，我們很自豪地說我們已經有很多人認同且執行融合理念。「零霸凌」或許聽起來是個曲高和寡的目標，但哪個世界的重要改變不是這樣開始的？

　　這本書的八支金鑰從瞭解霸凌做起，建立你我這社會對霸凌的共識，進而提供了一些具體做法，包含納入全校性或社區活動、設計情緒管理課程、啟動旁觀者成為盟友，亦包含同時關懷霸凌者的提醒。我們不僅要「心存善念」，引導孩子建立同理心，學會人際間互相尊重，更要主動 "see something, say something"，共同建立「尊重、正義」的友善社會。

　　暨 2010 年翻譯《亞斯伯格症與霸凌問題：解決策略與方法》頗受好評後，謝謝心理出版社的邀約，我再度有機會協助《友好行為：給教師與家長終結霸凌的八把金鑰》這本霸凌相關的翻譯書籍出版。讀者都是有心人，期待大家都能共同關心霸凌事件，參與社會改變從根本上著手預防霸凌的產生，共同攜手邁向互相尊重的友善社會。

王慧婷

　　霸凌是孩子之間濫用的社交互動方式，可以發生在學校任何角落或周圍場所。或許在體育課和課間休息時間是最可能發生霸凌的時間，但也可能發生在校車裡和等待大眾運輸工具的時候，以及需要分組的課後活動的聚會中。以前的霸凌多半只發生在孩子實際生活的互動中，但隨著科技進步，即時通訊軟體、網路論壇、BBS、部落格等交流平臺的發達，霸凌者可以藉由網路和電信設備以文字和多媒體的方式，長期、反覆攻擊受害人，網路霸凌通常會造成受害孩子心靈很大的創傷。網路霸凌所衍生的悲劇，使霸凌這一普遍存在的問題提升到一個新的層面。都柏林反霸凌中心的一位學者於 2013 年指出，有越來越多的研究證據支持，持續遭受霸凌行為的人，無論是孩子還是成人，都有導致自殺的風險。

　　由於本身從事復健物理治療師的工作，有機會接觸原作者 Whitson 女士許多有關教養孩子的原文書籍及文章（Whitson 女士是一位具有美國執業執照的社工師、學校輔導員和作家）。她的諸多著作、演講與培訓研討會幫助了無數的專業人士，以及幫助家長解決孩子成長過程中遭遇的問題，提供成人培養塑造提高孩子情商發展的方法與學習健康行為的建議。其中這一本回答了霸凌的議題，書裡的八把金鑰為教育工作者、專業人士和家長提供了終結霸凌實際可行的策略。

　　我們可以透過閱讀這本中譯本，學習並實施八把金鑰的核心策略，包括從與孩子建立有意義的連結到創造積極的校園學習氣圍、解決網路

霸凌、建立孩子社交情感能力……等，來對周遭孩子們的生活產生巨大
影響，讓每個孩子都能快樂成長。

林靜君

　　艾琳在她八歲的時候，經歷了人生第一次的心碎。升上小學二年級的第一個星期，艾琳遇到了一個名為克里斯蒂的小女孩，在那個年紀裡克里斯蒂是如此的迷人，剎那間艾琳與克里斯蒂成了最好的朋友。兩個女孩結合了她們對流行樂的熱愛，自創了一個電視流行樂雙人組，並且在學校每一次的自修課或課間休息時間，不管是在教室內或外、午餐時間的餐廳裡、學校安排的活動場合，或是學校停課的閒暇日子，她們都很快聚在一起唱著跳著這些流行樂。

　　持續了好幾個星期，艾琳的母親總是聽到「克里斯蒂說這」、「克里斯蒂喜歡這種」和「克里斯蒂告訴我，我不可以做這樣或那樣」。艾琳的媽媽承認，她享受了許多她的小女兒沉迷於與克里斯蒂的友誼所帶到家中的喜悅，直到有一天它結束了。

　　從溫暖的九月轉而至涼爽稍有寒意的十月，艾琳開始經歷了與克里斯蒂關係的改變，一種我將在金鑰 1 裡定義的冰冷、困惑、嚴酷、痛苦的關係霸凌形式。在八歲艾琳的世界裡，關係的改變像絕交這樣的事情，就如同成人被自己喜歡的情人拋棄一樣的痛苦。第一起事件是發生在學校開放參觀的期間，艾琳的媽媽注意到克里斯蒂在並非玩大風吹的遊戲時，推擠並搶了艾琳的椅子（艾琳的媽媽當場看到）。當時的克里斯蒂並不是像許多同年齡的八歲兒童一樣，因為對艾琳生氣所以才去搶她的椅子，而且克里斯蒂一向是個很有分寸，甚至可以說是將脾氣和情緒都控制得很好的八歲女孩。後來經過艾琳的媽媽對這個事件的求證發現，當時克里斯蒂確實是刻意選擇用殘忍的方式推開艾琳，來主張她的

控制權力，她真的是故意推艾琳的。

　　就在艾琳的母親心臟就快要跳出喉嚨，熊媽媽的爪子已經張開準備伸出來保護熊寶貝時，女孩們的老師走到了克里斯蒂推艾琳的地方，老師問：「艾琳，你沒事吧？克里斯蒂有沒有傷到你？」即使只是八歲的年紀，艾琳也知道她不能冒險當場激怒克里斯蒂，小女孩已經有了這樣的概念，所以她只好說：「沒有，我沒事。」克里斯蒂很快用油腔滑調的微笑接著補充說：「我們只是在鬧著玩的。」這樣的回答似乎滿足了老師，尤其是在學校開放參觀活動進行當中。艾琳困惑的想著：「克里斯蒂到底是不是我的朋友？她是不是只是鬧著我玩的？」她疑惑的想著，最後她決定接受克里斯蒂是我的朋友的結論。艾琳並希望友誼邁向永恆，卻沒想到遇到「友誼」暴跌更多的第二天。

　　第二天及未來的數週裡，克里斯蒂在美麗偽裝的敵意下，對艾琳進行雷達式的侵略攻擊行為。午餐時間，她平靜地告訴艾琳，她不能跟其他女孩子坐，因為她有一個「男孩的名字」，這舉動如刺般刺中了艾琳。體育比賽選擇隊友時，她大聲地告訴大家不要選艾琳，因為她是「最糟糕的選手」，這行為如火燒般燒傷了艾琳。放學後艾琳邀請克里斯蒂一起玩，克里斯蒂叫她滾開，並且說「妳已經不是我的好朋友了。」這句話如重擊般打傷了艾琳。

　　回到家裡的艾琳用沉默來面對這些傷口，但她的母親還是注意到艾琳對學校的所有熱情都消失了，她正常快樂的社交言行舉止變得非常謹慎小心。在那天克里斯蒂宣布「妳已經不是我的好朋友了」的下午之後，艾琳的媽媽聽到她在臥室裡哭泣。她問艾琳：「發生了什麼事？」艾琳反問：「媽媽，我要怎麼改，才能讓克里斯蒂再喜歡我？」

　　雖然這已經是幾年前發生的事了，但當艾琳的媽媽回憶著這段往事時，她的眼睛仍充滿了痛苦的淚水，她懷疑她那年幼就經歷殘酷霸凌的孩子，至今是否已全然走出那段傷痛。所以對於任何敢說孩子們的問題

都是微不足道的人，我向您們保證，對於任何年齡層而言，霸凌所造成的痛苦皆是令人心碎的。

♥　　♥　　♥

身為一個有執照的社會工作師和專業教育家，對於有關兒童和青少年的情緒和行為健康問題，我做過相當多的旅行、培訓、寫作、演講、及最重要的——傾聽。在所有我接觸的這些情緒和行為健康問題的形式中，我最關心也最喜歡與專業人士和家長互動討論如何處理霸凌，因為霸凌是激起專業人士最深的情感和抒發最慷慨激昂論調的題材。從學校裡的專業人士成功協助心碎家長戰勝被殘酷同儕無休止折磨的孩子的心痛霸凌故事數目看來，事實上，當談到霸凌時，每個人都有一個他自己的故事。

某些時候，我隨著分享者複述他們的經驗故事而哭泣著；某些日子裡，我又為那些從來不敢對霸凌者說「不」的孩子們，突然勇敢挺身終結霸凌的勝利而歡呼；然而大多數的日子裡，我活在討厭這些無論是起源於人與人的實際接觸，或是在網路上、在家裡或在學校的任何地方，無處不在的殘酷霸凌行為所產生的後果，因為有些後果，甚至會影響個案的一生。

那麼，這就是為什麼我期待演講和寫作這一個充滿不友善的行為和持續讓人心痛話題的原因。事實上，有關霸凌的話題除了淚水和傷害之外，我感覺到有更強大的東西——希望。

我相信我們有機會改變孩子的霸凌文化，我認為改變霸凌文化始於這些每天與孩子們一起工作的成人的強大行動力。沒有一步就能解決這個普遍存在問題的答案，我也不會給予安撫性的策略或公式化的答案，來減少擺在我們面前所有與終結霸凌有關的工作。然而，從我的經驗中知道，真正的變化發生在每次我接觸到了一批專業人士或家長時，這種

從我開始的人傳人的變化，是我所看到終結霸凌的希望。

當您拿起這本書時，就表明了您對使孩子們的生活更美好的策略感興趣，也是本書所關心的。這是一本關於希望的書，但不是那種祈禱長出翅膀就能飛翔的空泛希望，而是一種知識，一種與日常行為契合的希望，希望培育成人有能力可以使孩子們成長的外在環境條件更好。這本書提供教育工作者、精神衛生專業人員、家長和青少年工作者，通俗易懂且易於實施的預防和介入策略，去改變孩子和青少年之間不必要的霸凌文化。

● 如何使用這本書

本書所提供的資訊，充分考慮了讀者的積極主動性而設計。但是沒有理論基礎就無法真正實踐，所以每把金鑰章節都以目前的研究和先進的訊息開始，加深讀者的知識資訊，用它來解決孩子之間不希望發生的社交動態侵略霸凌行為。另一方面，我知道大部分專業人士及家長在他們碰到霸凌而需要回答「我該怎麼辦？」這個問題時，亦會求助於這本書，所以在這本書的每把金鑰裡提供了實用的、如何管理霸凌方面的具體指引。

我是一個喜歡閱讀非小說類書籍的人，閱讀時，我會拿筆在行間畫線、做筆記，以及放下書本休息時會將頁面反摺。因為這樣做使我容易找到書中某些適合我使用的資訊或建議，並且能夠一次次很快就找到它。我是從您閱讀的角度寫這本書的，您會因為閱讀本書而獲得新的想法，進而有所啟發，並希望您能一次又一次地在實際生活中嘗試運用。我希望當您讀這本書時，您也能記下您的看法。

說到本書的寫作特點，每把金鑰章節都包含了許多練習，目的是挑戰讀者應用所閱讀的資訊到您自己的成長經歷，或是當今您周遭生活中發生的霸凌事件。如果您花一些時間，在閱讀時寫下這些練習題的答案，

這將是讀這本書最有意義的事。其中有幾個練習題要求您放下筆，承諾對孩子進行具體的行動；還有些練習題要您反思如何才能對那些易受傷害兒童的生活產生最大的影響。以上兩類，我希望您們都去執行，因為花費這些額外的時間在處理本書所提供的練習題時，可以讓文字轉化為行動，而行動轉化成協助孩子做出正向積極的改變。

● 通訊與回饋

您將在這本書每把金鑰章節裡讀到豐富的真實生活中的軼事，有些是從我自己的工作中收集而來，也有來自參加訓練課時與我會面的專業人士或家長，慷慨地與我分享發生在他們生活中孩子們深刻的故事。每次聽到別人的霸凌故事都能讓我學習，令我的專業成長。所以如果您有相關的霸凌故事想與大家分享，歡迎您寄信給我。請了解，我可能無法直接對每封電子郵件回覆，並且我也不想在沒有充分了解實際情況與利益衝突時就給予具體建議，但我會非常感謝您抽出時間來告訴我您的霸凌故事。我邀請您寄給我關於在這本書中提供對您有效和實用的資訊和策略，以及您其他寶貴的意見。請利用我的網站（www.signewhitson.com）或電子郵件（signe@signewhitson.com），直接將所有信件和回饋寄給我。

金鑰 **1**

當看見霸凌時，了解是霸凌

是誰？發生了什麼？什麼時間？原因？
非預期性的攻擊性行為模式？

霸凌是什麼？

這個問題最適合用來當作這本書的開始。若是從口語的解答來看待這個問題，會因為專業人士、家長和孩子們的故事，或他們親身經歷非預期性的攻擊性行為的不同，而各有不同說法。不久之前，我們都還習慣用「孩子只是個孩子」的心態，或是貶抑在學校或社區被殘酷無情霸凌，轉而向成人尋求協助的孩子為「弱者」或「告密者」。然而，我很高興現在社會環境的改變，讓那些被霸凌的孩子們都有發言的機會。

好多次，聽著父母分享他們的孩子在學校被欺負的故事，我因為父母經歷的憤怒與無助的感受而淚流滿面。我無法忘記最近一個與我分享因受辱而痛苦的年輕女孩的經歷。事情是這樣的，在學校午餐的時間，她在高中的自助餐廳裡，從一個桌子走到另一個桌子，不斷地被同學拒絕一起坐下來吃午餐，因為有個同學事先計畫好，聯合其他同學要讓她在午餐時間永遠沒有位子坐。我被校車上、學校更衣室、網路上、課堂上或下課時間這些無情的身體和言語霸凌的故事縈繞著。這些無情殘酷的故事對我而言，

從來就不會過時，反倒是經常被每一個新聽到的個案故事嚇到下巴掉下來。

透過許多專業人士、家長及孩子與我分享可怕的，甚至有些是言語無法形容的惡毒的霸凌故事，毫無疑問地建立霸凌的定義來作為本書的開始是很重要的。但現在，我也想誠實地分享一些其實也沒有那麼糟糕的同儕之間打鬧的故事，來與真正的霸凌做區分。

就拿以下這個剛剛才得知我工作性質的鄰居與我互動的故事和讀者分享：

「斯葛妮，我上週看到妳的照片耶。恭喜喔！我不知道妳的工作是幫助受霸凌的學生們。妳做的事情太重要了，學生的霸凌事件實在是越來越糟糕了！上個星期，我女兒在放學後也被霸凌得很慘！她從校車下來時，我們鄰居的一個孩子，抓了一整把樹葉往她臉上砸。當她回到家時，甚至還有些樹葉在她連帽外套的帽子裡。這實在是太可怕了！我真的不知道該怎麼處理這些惡霸。」

「當她回到家時還很不高興嗎？」我感同身受的問。

「喔不，她只是輕輕撥掉葉子，告訴我說他們只是一起嬉鬧罷了。」她說。

「喔？」我非常知道孩子們常常由於受辱尷尬的感覺，而試圖輕描淡寫被霸凌的感受，所以我接著問：「妳有沒有感覺到她是在替對方那個男孩掩飾什麼罪行？」

「喔不不不。她說她真的覺得很有趣，所以她也向他扔了樹葉。我告訴她以後不准再那樣做了！那些發神經的孩子們！」

「孩子們？」我澄清的問：「只是一個男孩扔樹葉，還是一群孩子都向她扔樹葉？」

「喔不，就只有一個男孩，住在離我們家一條街遠的鄰居。」她向我保證的說。

「他常常對她很過分嗎？他經常在放學後找妳女兒麻煩嗎？」我渴望弄清楚這個霸凌問題。

「喔不，至少我不這麼認為。因為這是她第一次說到關於那男孩的事。我很肯定是第一次發現有葉子在她的外套帽子裡。但這最好也是最後一次！我不能忍受她再被那小子霸凌。再有下一次，我一定讓校長知道放學後都發生了些什麼事！」

雖然我總是小心的不去低估任何人的感受經驗，但我還是懷疑這個故事分享的真實動機，可能只是鄰居在商店走道巧遇我時，單純的想要找話題，主動交談的親近方式罷了。我聽到許多這些看似「令人震驚」（註：其實是良性）的故事，多到足以得出一個結論——我們需要界定失禮行為、惡劣行為和霸凌行為的特性，以及這三者之間的區別。兒童書最暢銷的作家 Trudy Ludwig（2013）對上述三者做了下列的定義：

● **失禮行為**：非故意的或非有意的說或做出一些傷害別人的詞句或事。

我有一個親戚（如果我指出他的名字，我就做了失禮行為）每次看到我，總是上下打量我這一頭火紅捲曲的頭髮後，用甜甜的語氣問我：「妳難道沒有想過要染成黑色嗎？」或「斯葛妮，我覺得妳把頭髮燙直看起來會成熟一點。」這是家人溺愛式的認為她是在幫我的表現。正當房間裡的其他人都畏縮著不敢出聲時，我則思考著或許黑深褐色頭髮真的適合我。事實上，她的評論可以是刺人的，但請記住，這評論是出自她心中對我的愛，提醒我記住她的建議並照著去做。

對孩子來說，失禮行為比較多是像遊戲時，對手被球擊中而引起全場一陣大笑，或是指出某個同學一個星期內穿著同樣的襯衫兩次，或是指出插隊的人，或往別人臉上扔樹葉。單看這些行為可能會被視為霸凌的元素，但審視發生事件當下的背景，失禮行為的事件通常是不加思索的，且非事前周密策劃或故意造成的傷害，雖然輕率無禮，有些態度惡劣，甚至有點自戀，但並不意味著想要真正去傷害任何人。

● 惡劣行為：故意說或做一些傷害別人的事一次（或兩次）。

　　失禮和惡劣行為之間的主要區別在於出發點的意圖，失禮行為往往是無意的，然而惡劣行為則是對特定的人進行達到傷害或貶低的目的。孩子們在批評彼此的服裝、外貌、智力、夠不夠酷，或其他任何可以讓他們貶低的東西時，會有刻薄的惡劣行為產生。刻薄的惡劣行為就像是在憤怒衝動時說出的殘酷話語，往往在很短的時間內就感到後悔了。常見孩子們間的惡劣行為很多聽起來都很可怕，比如說像以下的對話：

　　「你真的認真考慮過打籃球這件事嗎？你的運動神經遜斃了！你為什麼不回去玩你的線上遊戲呢？魯蛇。」
　　「你怎麼那麼胖／醜／笨／娘娘腔。」
　　「我恨死你了！」

　　毫無疑問的，惡劣行為能產生深深的傷口，如果每個成人都將預防兒童產生惡劣行為視為己任，則可以使孩子的生活產生巨大變化。然而，惡劣行為和霸凌行為之間還是有所不同的，我們應該釐清和做出區別，因為兩者的介入途徑也將會有所不同。

● 霸凌行為：一種蓄意挑釁性的行為，而且涉及施暴者與受害者之間雙方權力的不平衡，隨時間不斷重複。

　　Daniel Olweus 是國際公認的歐威預防霸凌計畫（Olweus Bullying Prevention Program）創始人，他將霸凌定義為需含以下三個主要元素：(1)蓄意傷害；(2)權力失衡；(3)重複發生不必要的挑釁或威脅等行為（Olweus et al., 2007）。會霸凌他人的孩子是殘酷的，對自己所做的行為沒有後悔、自責或憐憫的感覺。

　　Olweus 還對嬉戲打鬧、真正的打鬥及霸凌三者之間提出了下述有用的區別。

● **嬉戲打鬧：**孩子們通常仍是朋友，共享權力相對平等的平衡狀態。沒有故意要去傷害任何人，彼此的心情是友善、正向、互相往來的。就像孩子們愉快地玩著摔角、躲避球或捕捉山丘之王（King of the Hill）的遊戲時，肢體碰撞的嬉戲打鬧，雖然有時候會讓圍觀的成人苦惱，但事實上是無傷大雅的。前述的扔樹葉事例就是描述嬉戲打鬧的最佳例子。

● **真正的打鬥：**這個階段的孩子們通常已經不再是朋友，但權力仍處於相對平等的平衡狀態。就像惡劣行為一樣，真正的打鬥雖然通常是故意去傷害人，而且情緒是負面的、具攻擊性且緊繃的，但行為不重複。例如在一個特別競爭的競賽後，選手在比賽場裡爆發鬥毆事件，這就是真正的打鬥。或者是某天，兩個十幾歲原本是有許多共同興趣的孩子，在放學後大打出手，他們也是屬於真正的打鬥。

● **霸凌：**霸凌與嬉戲打鬧和真正的打鬥間不同的地方，是所涉及的孩子通常已不是朋友，而且有權力不對等的問題。是蓄意的去傷害受害者，而且侵略者和受害者的心境也不同。當一個人聚集他所有的朋友，在放學後堵住一個同學，因為他相信這個同學偷了他喜愛的東西，接著還透過簡訊發送這個同學的難堪照片給全年級的人，這樣的事件就算是已經到達了霸凌的範圍。

我們將在下一節看到更多詳細的霸凌事件例子，包括身體的、言語的、關係的，和／或透過網路進行的霸凌。然而，在我們繼續之前，應該回歸到為何需準確地界定霸凌，並區分霸凌與其他形式的侵略行為的差異。

在這 24 小時新聞不斷更新及社交媒體文化充斥的年代，我們有比以往更好的機會能關心霸凌這個重要議題。在過去幾年中，大人們比以前更關心霸凌這個問題，已有百萬名學童被大人們聲援；美國已有 49 個州通過反霸凌立法；成千上萬的成人參與研習培訓，學習重要的策略，以幫助孩子們安全且有尊嚴地在學校和社區中生活。這些都是關心霸凌問題後所出現

的顯著成就。

　　然而，我們應同時注意避免胡亂引用霸凌一詞，以免造成他人的冷嘲熱諷，認為受害者只是哭喊狼來了的小男孩。無論是想要簡單地與他人攀談，或讓人們關心他們短暫的不舒服感受，而不當歸類失禮行為為霸凌行為時，我們都在冒著讓人們對霸凌一詞日漸麻木的風險，而忽視了霸凌一詞的真正嚴重性，且無法判斷真正陷入困境的孩子需要成人介入協助的時機。更重要的是，如同《棍棒和石頭》（*Sticks and Stones*）一書的作家 Emily Bazelon 在書中所指出的，過度使用霸凌一詞的結果，轉移分散了真正需要幫助孩子們的寶貴資金和人力資源（Bazelon, 2013）。

　　將失禮行為、惡劣行為和霸凌行為區別開來是非常重要的，這樣才能使教師、學校行政人員、輔導員、警察、青少年工作者、家長及孩子們都知道要注意什麼時候該介入。大人們不斷分享霸凌的定義，不斷共同地了解霸凌，意識到它正在發生，並承諾始終如一地介入霸凌事件的處理，直到該所學校的霸凌發生率顯著下降為止（Wright, 2013）。雖然霸凌是孩子生活中一種無處不在的問題，但當我們拒絕讓一堆假霸凌警報壓倒我們時，它也是一個可以被管理的議題。正如很多時候我們在新聞中聽到的──孩子們的福祉取決於成人辨別在公車站牌發生的是失禮行為，還是危及改變一生的霸凌事件的能力上。

練習

● 幫助孩子了解失禮行為、惡劣行為和霸凌行為的差異

　　孩子也如成人一樣，需要理解並確認失禮行為、惡劣行為和霸凌行為之間的差異，當他們可以區分這些差異，便能從中受益。與孩子討論每個行為的不同處，小心選擇他們年齡水準上可以理解的描述，勾勒出每一個行為的鮮明特色。如果您的工作是在學校或社區，分配

三至五個孩子成一個小團體，請孩子們制定三份書面迷你短劇場景，一個代表失禮行為，一個代表惡劣行為，另一個則代表霸凌行為。

使小組成員仔細思考每個場景與其他兩個的不同之處。如果時間允許，鼓勵孩子們為全體表演所寫的迷你短劇場景，這將更具影響力。在每一個短劇進行表演之後，協助孩子們討論指出哪些行為是失禮行為、惡劣行為或霸凌行為？以及這些行為符合的特點是什麼？鼓勵孩子討論這些大部分的行為是如何發生的？並探索什麼樣的行為會隨著時間演進從失禮轉變成惡劣行為，進而成為霸凌行為。

詢問孩子們為什麼思考如何區分失禮行為、惡劣行為和霸凌行為是如此重要？鼓勵他們討論過去曾發生過，誤解惡劣行為為霸凌行為的事件，或以單純失禮行為作為真實霸凌行為之藉口的事件。

這個練習同樣適用於專業人士的在職訓練，以及與團體或與父母一對一的會面使用。

孩子如何進行霸凌？

2012 年美國 PACER 國家霸凌預防中心的報告指出，美國每年有近三分之一的學齡兒童（大約是 1,300 萬名學生）遭遇到霸凌（PACER's National Bullying Prevention Center, 2012）。這個數據即使是在將失禮和惡劣行為誤認為是霸凌行為的情況下計算出來，真正的霸凌現象仍然明顯存在於學齡青少年的生活中，是一個普遍存在於校園的問題。能辨識一切形式的霸凌是能夠早期介入的根本，並終結進一步不必要的侵略行為，以下是霸凌發生的四種基本形式：

身體攻擊

暴行曾經是判定霸凌的黃金標準。木棍與石頭的暴行霸凌方式，常常能引起成人的注意並挺身而出為孩子解決紛爭。這一類型的霸凌包括打、揍、捏、踢、吐痰、故意絆倒對方、扯頭髮、把一個孩子猛扔進一個衣物櫃並鎖上，或強行取走、打破某人的所有物，以及涉及一切外在人身攻擊等的霸凌行為。

言語攻擊

言語上的嘲笑、取笑、謾罵、性別歧視及威脅受害者，是常見的言語攻擊霸凌形式，而大多數的家長會建議他們的孩子忽略它。但其實我們都知道，縱使孩子只是使用一句古老的諺語來揶揄霸另一個孩子，「言詞本身仍可真實地傷害到我們，甚至能引起深刻永久的傷害」。所以我們也將在金鑰 5 裡看到，建議孩子忽略言語攻擊，是被認為最不有效的方式之一。

人際關係攻擊

人際關係攻擊，是孩子們利用他們的友誼關係，或以結束這個友誼關係作為威脅，以傷害對方的一種霸凌形式。這形式的霸凌普遍存在社交排擠、躲避對方、絕交、捉弄和散播謠言。人際關係攻擊特別吸引孩子，令孩子著迷的一種霸凌方法，也是最能粉碎孩子心靈的一種霸凌方式。

網路霸凌

網路霸凌是一種涉及到高科技的特殊霸凌形式。根據 Hinduja 和 Patchin 在網路霸凌研究中心（Cyberbullying Research Center）對網路霸凌所做的定義：網路霸凌是指「透過使用電腦、手機和其他電子設備故意反覆造成某個人的傷害」（Hinduja & Patchin, 2010）。值得注意的是，重複傷害發生的可能性，在網路霸凌這個形式上特別高，因為電子訊息可以由多個不同

的網路社群取得並分享，導致受害者被多次曝光和反覆傷害。

練習

● 認識所有形式的霸凌

霸凌沒有固定的單一行為或形式。相反的，大多數會去霸凌他人的孩子都使用混和多種形式的手段，造成弱勢受害者重複受到不必要的侵略傷害行為。所以成人和孩子們需了解各式各樣的霸凌形式是怎麼樣發生的，以及了解這些特定霸凌行為怎麼被使用。

在進行到下一節之前，請表列您所看到已付諸行動的各種霸凌形式。使用上面列出的四大形式（身體攻擊、言語攻擊、人際關係攻擊和網路霸凌）來組織您的列表。挑戰自我，針對每個形式至少寫下五個具體的例子，說真的，您會發現表單似乎是永無止境的。

接下來，想想這清單上的行為，哪些是最常發生於您的機構，或是您知道的孩子們身上，在這些行為前面畫一個星星符號。這些高頻率出現的行為值得您額外的關注和應對。此外，對於這些常發生的行為，可以教育孩子有關如何識別和有效做出具體應對策略。

同時考慮：

- 您的清單上是否有不經常發生的霸凌行為，但卻對受害學生造成更多的身體和精神上痛苦的例子？
- 清單上的哪些行為是孩子們最常提報的？
- 哪些行為會造成孩子比較多的困惑或羞辱感，因此不太可能與成人分享？
- 身體和言語攻擊往往比人際關係攻擊和網路霸凌更容易觀察到。您還能做些什麼以確保您了解並準備好針對各種霸凌形式的介入策略？

● 當您意識到清單上的行為正在發生時,您會做什麼回應?而什麼時
候您才會意識到呢?

誰在霸凌?

我還記得小時候聽過其他走路上學的孩子,被沿路躲在灌木叢後等待
的小流氓,突然竄出搶奪午飯錢恃強凌弱的故事。雖然那時我每天都帶便
當上學,但我還是很擔心,擔心那些埋伏的「大男孩」可能會突然竄出試
圖搶走我買鮮奶和零食的錢。有五年的時間我隨時保持著警覺!值得慶幸
的是,那些流氓型惡霸從來沒攻擊過我,但是我仍然很鮮明的記得,那些
年令我害怕可能會發生霸凌的日子。

在現實生活中,會去霸凌他人的人可能是各種性別、年齡和體型。他
們有些來自問題家庭、有些來自高素養的家庭、有些家庭富裕、有些則來
自低社經地位家庭。他們可以是耍流氓像個壞人,但多半是偽裝在群眾中,
像孩子最好的朋友。實際的情況是,幾乎所有的孩子都有可能在人生的某
一天去霸凌另一個孩子。明確的說,沒辦法找到誰會有霸凌行為的答案,
也不可能在每學年開始的時候,教育工作者就有詳實的檔案文件去了解有
關霸凌的情況,更沒有系統化的檢查清單可以讓父母幫助自己的兒女選擇
一個健康的交友圈。

相反的,如最暢銷的童書作家 Trudy Ludwig 在她的書《霸凌者的自白》
(*Confessions of a Former Bully*)中寫道,所有類型的孩子在某些場合都有
可能穿戴不同形式的霸凌帽子(Ludwig, 2010)。兒童福利委員會(Com-
mittee for Children)科學研究者 Brian Smith 的解釋是:「更準確的說,我
們應該把霸凌當作是一種在任何社交互動時,都有可能會產生的行為或過
程,而不是特定某一個人才會做出來的行為,更不是只有特定某些人就是

會去霸凌他人的簡單分類。從我們的研究中得知，霸凌的發生是因為一連串的影響，幾乎都是超越任何特定的個人因素。」（Committee for Children, 2013）。

我們身為成年人，能理解孩子的本質，知道孩子們每天都在進步著，他們行為發生的當下或重複發生的情況，都應視為這是孩子能被教導成更好的一個人的機會，而不是將他們歸在有害的類別，如「惡霸」（bully）、「小霸王」、「麻煩製造者」和「問題兒童」等。Alliso Wedell Schumacher 曾經寫道，「我們只將孩子用名詞『惡霸』來定義，那麼他們將永遠無法擺脫『惡霸』的角色」（Schumacher, 2013）。所以 Schumacher 建議將「霸凌」（bully）當作一個動詞來使用，如此將可以確認一個充滿希望的事實——孩子是一個能夠停止發動不好的攻擊行為，進而做出更好選擇的人。

練習

◉ 您戴什麼形式的霸凌帽子？

在繼續前往下一節之前，稍微回憶一下您過去生活裡的某一天，您對他人表現很差勁很壞的一次。有可能是最近的一次偶發事件，比如您因憤怒而大肆抨擊同僚，或童年時結黨排擠某一個同學。我們每一個人都有那麼一次（或是兩次），令我們感到後悔的時刻。

但願大家都已經彌補，也被原諒我們所犯過的錯誤。但是，假設您的行為並沒有得到原諒。想像一下，如果別人用您最尷尬、丟臉、非常態的行為來評斷您一輩子，會是什麼樣的感覺呢？人們會怎麼說您呢？從長遠來看他們有沒有可能會用不同的方式對待您？有沒有可能這些揮之不去的評斷，將影響您看待自己的方式？

> 這個反思練習是讓孩子知道這麼不好的行為舉止是多麼容易產生，對未來是多麼具有毀滅性，這將幫助一個孩子去判斷，避免做出令人遺憾的行為而被貼上標籤，並將壞行為束之高閣。這項練習活動也可以是成人間討論霸凌形式的一個很好的出發點，學習使用霸凌事件傳授孩子新社交技巧，發展更穩固的關係，做出更好的社交行為選擇，而不是長期不滿和用死記硬背的教法懲罰他們。

♥ 兄弟姊妹真的會霸凌彼此嗎？

對於某些兄弟姊妹而言，爭吵就像呼吸一樣的自然。為了遙控器爭吵不休、競爭更大更好的臥室等，長期以來這些都被認為是正常家庭生活的一部分。事實上，許多專家認為，兄弟姊妹必須透過忍受分歧的爭吵、衝突以得到成長，就像未來成年後，他們必須在工作上，從衝突中學到寶貴解決衝突的技能，解決工作的問題，並達到自我控制的目的。然而另一個反面的論點由 Corinna Jenkins Tucker 的一項研究中發現，一些家族衝突當兄弟姊妹之爭演變成憤怒霸凌時，孩子們體驗到的心理影響，就如同在學校、操場或遊戲場所遇到的同儕霸凌一樣，極具破壞性（Tucker, Finkelhor, Turner, & Shattuck, 2013）。界定普通爭吵和破壞性霸凌之間的鴻溝標準，在家庭或家庭之外都是一樣的。每當家長和主要照顧者看到重複發生的殘酷跡象、故意傷害他人、孩子間權力動態失衡的時候就要提高警覺，努力將霸凌終結在家裡。父母果斷的介入具有雙倍正向的效果，一方面保護受虐的孩子，另一方面教導有攻擊性行為的孩子，侵略攻擊他人的這種行為不管是在家裡、學校和任何地方都是不能被接受的。

為什麼會發生霸凌？

本節我們將超越上一節誰在霸凌的問題，轉而探討為什麼孩子間會發生霸凌行為？這個問題有很多答案，長久以來，成人努力去理解到底是什麼驅使孩子去霸凌他人，以獲得使我們能有效介入的重要見解，並進而終結這種破壞行為。雖然無法精確到了解孩子每一分鐘的霸凌動機，但我們仍然可以將孩子間為什麼會發生霸凌行為歸類於以下四個主要的解釋。

♡ 為了獲得社交地位

當我還是一個孩子的時候，常常會被同儕取笑我那頭火紅的頭髮和布滿臉上的雀斑。我記得我媽一直向我保證，說「他們只是嫉妒妳的美麗」、「他們是太自卑的緣故」或「他們缺乏自信心」。現在，雖然我承認我媽媽在很多事情上是對的，但是，關於同學們取笑我的動機這個部分，她的觀點是我始終無法認同的。

事實上，最近幾年來，霸凌他人的人是因為缺乏自信心的說法，已經大大的遭到駁斥。反霸凌專家 Joel Haber 博士指出，許多會去霸凌他人的孩子實際上是相當受歡迎的，他們不但聰明、自信，且善於融入社交活動（Haber, 2007）。研究人員發現，許多會去霸凌他人的孩子並不是被不安全感所驅動，而是出於希望獲得或提高自己的社交地位。

由美國加州大學（University of California）戴維斯分校社會學教授 Robert Faris 和 Diane Felmlee 所進行的一個開創性研究揭示，希望獲得或提高自己社交地位的驅動動機，可以解釋孩子的互動中，為什麼會有霸凌同儕這種行為的背後原因。Faris 和 Felmlee 更進一步找出口語騷擾、散播謠言和排擠（言語攻擊和人際關係攻擊的形式），是孩子拋棄友誼來贏得受歡

迎機會的最有效戰術（Faris & Felmlee, 2011）。

♡ 為了保有權力和主控權

　　會去霸凌他人的孩子，傾向於享受與他人互動時，藉主導、操控別人得到的權力和主控權的感受。在學校最常見的霸凌是像電影《辣妹過招》（*Mean Girls*）以團體形式展現出來，通常該團體裡有一個女王，或是被稱為女王蜂的人，會發揮權力和主控權來影響誰可以進出這個同儕團體。她的朋友們（註：追隨者）生活在恐懼中，害怕如果他們不照她說的去做，自己將淪為下一個被她霸凌排擠的對象。讓我們來看看以下這個城市高中發生的實際例子：

　　柔依和泰勒從小學起就是朋友，感情好的時候，他們有很多的共同樂趣。泰勒向我解釋柔依曾經是「放學後始終圍繞在一起到處去閒逛的好朋友」，並常常邀請她去家裡玩。但泰勒透露，柔依批評她許多東西，比如她的衣服、她的音樂品味和她的其他朋友，這讓她覺得很不舒服。我還沒來得及張嘴問泰勒為什麼還要繼續這份友誼時，她解釋：「如果我告訴她我的感受，她就會聯合其他人一起來討厭我。」

　　在某個星期一午餐時間的學校餐廳裡，柔依跟他們的同學凱莉說，她不能和他們坐在同一桌。當泰勒試圖騰出空間要給凱莉時，柔依警告她：「如果妳是她的朋友，妳就不是我的朋友。」泰勒趕緊把她的午餐餐盤移回去，並且不出聲的用嘴形對凱莉說：「對不起，或許明天吧！」

　　當天下午，泰勒在放學後找到凱莉，並為了午餐發生的事道歉。她邀請凱莉回家坐校車時，可以跟她坐在一起。

　　不到一個小時，泰勒就收到了柔依的簡訊寫著：「你這個賤人、婊子。每個人都討厭妳。這個週末妳不用來參加我的派對了。」泰勒傳了整夜的簡訊、打電話、傳網路訊息、留言給柔依，問她為什麼要這麼生氣？但柔依都沒有回覆她。

第二天在學校，泰勒的班級裡沒有一個同學敢跟她眼神接觸，午餐時間，她平常坐的桌子也沒有她可坐的空位。她平常坐的位子現在坐了凱莉，旁邊緊鄰著的是柔依，她們咯咯的笑著，並把玩著手機。當她走向桌邊時，笑聲停止了，接著是一片無聲的沉默。從同儕冰冷的反應，泰勒終於明白，她花了很多時間擔心的事情真的變成了事實，甚至是凱莉，這個她冒著被柔依排斥的朋友，也拒絕對她示好。柔依轉過頭，冷笑著對泰勒大聲宣布：「對不起，或許明天吧！」

透過肢體攻擊和言語恐嚇，可操弄著權力的流動和主控權。在某個城市裡的高中，一個身型矮小卻喜歡虛張聲勢的 15 歲高一新生傑瑞米，他經常自稱是在幫忙「治理學校」，並吹噓他如何協助維持他人排好隊伍。雖然學校的大人們都笑傑瑞米是與拿破崙的綜合體，但大多數學生可不認為好笑。有一天下午，傑瑞米因為在電腦課上揍了同學肚子一拳後，被帶到學校辦公室。學校教職員問傑瑞米為什麼要揍同學？傑瑞米平靜地解釋：「我告訴班我想要用第一排的電腦，那是我的電腦，可是他還是坐在那裡，我甚至警告他兩次叫他離開。通常，我不會給人第二次警告的，但今天我想要當一個好人，所以我說了第二次。他活該。事實上，以他的所作所為，我算是對他很好了。我甚至不知道我為什麼要在這裡。他才是你們應該要去會談的人，他占用了我的電腦。」

像柔伊和傑瑞米這樣為了保有權力和主控權而霸凌同儕的孩子們，常有一個共同的特質──缺乏同理心。有些人認為，缺乏同理心廣泛的出現在孩子的行為裡；另有些人則認為，缺乏同理心是受情境緊張所驅動。孩子為了獲得社會地位，保有權力和主控權，導致他們無視權利的平等，以及其他人的需要和感受。不管在哪種情況，同理心的培養，是大人們輔導這種霸凌形式的孩子時的重要策略。本書金鑰 5 提供可使用的介入策略。

♥ 為了享受同儕的矚目

對於那些看重社會地位、權力和主控權的孩子而言，透過同儕們的關注，讓他們知覺到這是獎賞的一種。任何霸凌情境的旁觀者，雖然只是在一旁笑鬧、鼓動、起鬨，甚至只是因為害怕霸凌行為而繼續保持沉默，對霸凌者而言都是社會性增強，使得霸凌者在未來更有可能繼續進行霸凌他人的行為。那麼，一個重要的關鍵是，了解旁觀者行為在終結霸凌中的作用，我們能以改變旁觀者來達到停止同儕對霸凌者形成社會性增強的目的（見金鑰6）。

關於為什麼孩子如此希望吸引同儕的注意這個問題，可在腦神經科學中找到解釋。2008 年由天普大學（Temple University）心理學家 Laurence Steinberg 的研究發現，當十幾歲的孩子與他們的朋友在一起時，大腦中重要的報償迴路——腹側紋狀體（ventral striatum）特別的活躍。此區功能的活化，會產生一種心情愉悅的獎勵感覺（Steinberg, 2008）。將這個科學發現應用在霸凌情境時，Steinberg 解釋：「在某種程度上，青少年認為霸凌會提升他們在同儕心目中的地位（被同儕圍繞得到立即性的獎賞），以至於他們可能不去注意及了解可能付出的長期代價」（Bazelon, 2013, p. 47）。所謂的「長期代價」包括霸凌者與受害者所受長期行為影響的後果。當孩子的大腦被因同儕矚目關切而產生的強烈獎賞回饋所挾持時，就連原本具有同理心的孩子們，也可能在一剎那間，與他們對於他人的同情心斷了連結。因此大人們可以先發制人，教孩子放慢自己的行為，想想自己在做什麼，先同理他人的立場，在同儕互動中，視他人為優先（見金鑰5）。

♥ 因為他們可以

到目前為止，在檢視驅動孩子們去霸凌他人的強大動機上，我們都只

集中在社會因素，現在，我們轉向一些更簡單的——時機。

　　大多數的霸凌發生在沒有成人在場的時候。在學校裡，大部分不必要的攻擊行為發生在像餐廳、更衣室、操場、廁所、走廊、校車上，以及通常成人不存在的網路世界。在金鑰 3，我們特意描述切實可行的辦法，增加成人出現的策略，來顯著減少孩子有霸凌行為的機會。

　　再者，也許更令人不安的是，時機的另一面不是沒有成人在場的問題，而是在場的成人放棄了制止霸凌的責任，視霸凌為孩子成長的必經過程，或否認這是自己的責任，他會說：「這不是我的工作內容。」據學校安全維護中心的研究（Center for Safe Schools, 2012），成人對處理學生霸凌的態度，深深地影響孩子對該行為的看法。當成人透過言語、行為，或採無作為行動面對霸凌時，孩子可能會以為霸凌是可以被成人容許的，並錯誤地憑直覺認為該行為是他們的世界正常可被接受的一部分。對於為了保有社交地位、權力、主控權和享受同儕矚目的孩子而言，成人無動於衷的態度，如同為霸凌做無罪開釋的示範。

　　在本章的最後一節，審視終結霸凌是誰的責任的問題上，我們強調這是成人的責任。成人優先考慮維護孩子尊嚴和安全的立場，應扮演負責任的角色，以減少霸凌並終結。

誰被霸凌？

　　如同我們無法用顏色去標記所有會去霸凌他人的孩子一樣，也沒有單一的文獻能明確指出哪類的孩子特別容易成為被同儕霸凌的受害者。然而，仍然有一些清晰可辨的元素能指出那些被同儕霸凌孩子的共同點。在本節中，我們來看看特別容易被霸凌孩子的六大不同特點和特質。

♥ 身心障礙的孩童

　　根據美國衛生與人群服務部（U.S. Department of Health and Human Ser-vices）的調查，孩子因肢體、發展性、心智、情緒和感官的障礙，受到同儕霸凌的可能性較高。請銘記在心，霸凌是因為權力的不平衡，所以身心障礙孩童往往是一個明顯的標記，他們相對易受到身體傷害、在學業上有所挑戰及缺乏社交技巧，因此被認為容易招致同儕不必要的侵略行為。最近一位母親與我分享她那脆弱的四歲兒子，在學齡前同儕團體裡發生的事：

　　　　奈特努力與選擇性緘默症搏鬥著，那是一種無法在特定社交場合說話的症狀，但是一般的談話是沒有問題的。奈特就像其他選擇性緘默症的孩子一樣，可以理解言語，但由於潛在的內心焦慮，使他無法與關係密切的家庭成員以外的任何人交談。有天在學校接送的時間，奈特的母親走近他的教室門口，透過玻璃窗，她看到兩個同學一再用他們的手掌打著奈特的額頭。當時並沒有任何一個老師在現場，約莫是超過一分鐘的時間，奈特的母親只能無奈地敲打著鎖著的門，眼睜睜的看著這樣的情景繼續著。奈特說不出話來，無法告訴孩子們停止或得到老師的協助，他被同儕困在當下。

　　　　如今奈特完全從他的疾病康復了，他能夠公開談論經歷這個他不想要的侵略行為當下的無力感。他告訴他的母親，這不是一個一次性的突發攻擊事件，而是在他學校生活中慣常發生的行為模式。奈特回憶著說，他的同儕們會一直用打他的方式來要求奈特和他們說話，試圖迫使奈特解決問題。由於無法使用言語來闡述自己選擇性緘默的問題，奈特只能像隻呆坐的鴨子，任憑同學們進行不必要的侵犯行為。

　　國家兒童學習障礙中心（National Center for Learning Disabilities）的學者James Wendorf指出，對失能兒童霸凌是一種流行病，每天約有25%左右的學生被霸凌，而被霸凌的學生裡，有60%是有特殊需求的兒童（Wendorf,

2012）。美國衛生與人群服務部（2013）指出幾組被霸凌高風險的兒童及年輕人族群：

- 注意力不足過動症（attention-deficit/hyperactivity disorder, ADHD）。
- 嚴重的過敏症。這些孩子面臨一連串的嘲笑，同儕取笑他們的過敏史，故意讓他們暴露在危及生命的過敏原環境下。
- 各類身體障礙，影響其外觀、動作及移動能力的失能。包括腦性麻痺、肌肉萎縮症、半身不遂、癲癇和脊柱裂。
- 胰島素依賴型糖尿病。
- 語言障礙、口吃或構音異常。
- 焦慮症。
- 學習障礙。
- 泛自閉症障礙症候群（autism spectrum disorder, ASD）。根據美國疾病管制和預防中心（Centers for Disease Control and Prevention, 2012）的調查結果，每 88 名兒童約 1 名確定是泛自閉症障礙症候群，這使得它是兒童中最常見的疾病之一。此外，據估計，自閉症兒童被霸凌的比率是不在自閉症光譜上小孩的三倍，所以對於任何一個有志努力終結霸凌的成人，這是一個重點領域。

　　自閉症的本質是一種社交障礙，自閉症孩子往往會錯過社交線索，因而導致應對不當，或根本無法與他人互動。這種社交彆扭的情況，削弱他們了解同伴群體的複雜性，以及外界不斷變化的社會階級的能力，使他們特別容易受到其他孩子的霸凌。更甚者，由於他們的決策困難和保持朋友關係的能力薄弱，自閉症孩子常常被社交孤立，這也是我們最近考察到的另一個受害風險因素。

💙 過重或肥胖的孩童

　　肥胖也是讓孩子容易被霸凌的主要因素之一，根據密西根大學（University of Michigan）發表於《兒科》（*Pediatrics*）期刊的研究（Lumeng et al., 2010）指出，肥胖兒童與同儕比起來，不管是什麼性別、種族、社會經濟狀況、社交能力，或學業成就高低，都更容易被霸凌。研究人員發現，肥胖孩子被霸凌的機率比那些健康體重的同儕高出 63%。

　　主導此研究的 Julie C. Lumeng 博士認為，孩子喜歡挑肥胖同儕嘲笑捉弄，而造成如此高的霸凌率，反映出一般社會對肥胖的偏見。因為人們普遍認為肥胖是缺乏自我控制和懶惰所引起，孩子習慣將肥胖認為是一種性格的缺陷，而不是一個身體外在的特徵，因此，將捉弄體重過重同儕的行為合理化。的確，對於肥胖的偏見，似乎是因過去的社會對肥胖兒童受到同儕鄙視和傷害滿不在乎，社交氛圍默認接受對肥胖的指責所造成。

💙 LGBT 青少年

　　女同性戀、男同性戀、雙性戀和變性（lesbian, gay, bisexual, and transgender, LGBT）的青少年與他們的同儕相比，有極高的被霸凌比率。《它會更好：走出來，克服霸凌，並創建一個有價值的生活》（*It Gets Better: Coming Out, Overcoming Bullying, and Creating a Life Worth Living*）一書的作者 Dan Savage（2012）指出，十分之九的 LGBT 青少年通報在學校被霸凌。近年來，媒體特別報導幾個青少年同志的自殺事件，其中包括羅格斯大學（Rutgers University）大一學生小提琴天才 Tyler Clementi 和 14 歲的 Jamey Rodemeyer。雖然大多數專家都認為，霸凌很少是青少年決定終止自己生命的唯一因素，但 LGBT 青少年試圖自殺的可能性是同齡人的四到七倍。鑑於調查 LGBT 群體中這種受害和自戕的高比率結果，學校和社區應該要用

更有效的方式去接觸 LGBT 青少年。我會在金鑰 3 談論成人不僅是教導寬容而已，更要開始培養接受多元文化的具體方法。

在社交方面被孤立的孩童

那些沒有人際網絡或是害怕與人接觸的孩子，是霸凌者的理想目標。霸凌，實際上就是在製造社交隔離，主要的策略，無論是使用人身威脅、口頭辱罵、絕交、集合其他人排斥、忽視和排擠受害者，或使用網路來散布謠言、破壞名譽，都是為了讓受害者感到與同儕隔絕及無能為力。

身心障礙的孩子、超重或肥胖的孩童，以及 LGBT 青少年，經常發現他們被社交活動孤立，或許是因為他們與大多數人之間的差異，使得他們不太會與同儕建立友誼，也或許是因為他們的同儕害怕如果與他們建立關係，會使自己也被社交活動排斥。如果已經有一個先天容易遭受他人霸凌的因子存在，再加上缺乏社會支持，對於這個孩子就變成了雙重夾擊，如同將他推入深淵一樣，加上缺乏社交技能或社會資本，將使他永遠無法逃離被霸凌的深淵。利用同儕的支持力量幫助被社群孤立的孩子，是幫助這些受害孩子的關鍵策略（見金鑰 6）。

渴望人氣的孩童

在本節之前，我們已經談論了存在於學校社交階層最底層的弱勢群體，那些容易被標記為霸凌對象的孩子們。挑選弱者來霸凌是霸凌行為最無情和懦弱的一端，然而，Faris 和 Felmlee 的研究指出，有顯著比率的霸凌行為發生在學校同齡且彼此具有相對平等權力地位的兩個人（Faris & Felmlee, 2011）。

渴望人氣的孩童，當他們使用侵略行為作為社交階層攀爬的工具時，實際上更可能助長自己暴露於被霸凌的風險。我們可以把它看成是一種社

交「打地鼠」的遊戲。一個孩子拉下一個同儕，體驗到暫時升高的社交階層狀態，但立刻變得容易受到下一個玩著同樣幼稚遊戲的同儕打下。雖然有些人可能把這種現象解釋為現世報，但這種社交攻擊行為的幼稚遊戲是沒有贏家的。

♥ 不穩定的孩子：惡霸受害者

「惡霸受害者」一詞是用來描述常常表現出侵略同儕，但也常被同儕視為攻擊行為目標的孩子。被標識為惡霸受害者的兒童往往難以調節自己的情緒反應，他們是不穩定的，往往輕易的被情緒壓垮。與本節提到的任何其他霸凌原因的孩子相比，惡霸受害者是更容易焦慮、沮喪、孤獨和過度激動的人（Dewar, 2008）。研究顯示，高達三分之一的霸凌行為是由惡霸受害者所進行的（Marini & Dane, 2010）。

正如本金鑰稍前指出，會去霸凌他人的孩子，經常會興起想要獲得控制他人的權力慾望，所以可能會視這種情緒不穩定的惡霸受害者同儕為如繩上可操弄的木偶。有一個發生在郊區小學，與現實生活有關的霸凌事件，注意如下述這兩個渴望人氣的年輕女孩，如何透過操縱情緒不穩定的惡霸受害者同學，來達到提高她們社交活動地位的目的。

● 成人看到的

三年級學生佳達和麗莎在課間休息時刻於遊戲場盪鞦韆，她們的同學萊利問她們是否可以一起玩？她們邀請萊利使用第三個鞦韆，但正當萊利以全速盪到高點時，這兩個女孩突然停止盪鞦韆並把她們的鞦韆綁在一起，然後笑著跑開。佳達轉過頭對萊利喊道：「萊利，我們要去操場賽跑了。祝妳自己玩得開心。」

萊利感到困惑，並衝動地從盪高的鞦韆上跳下，因不穩而摔落地上。她彎下腰，非常痛苦的揉搓她的左腳踝，似乎是在著陸的時候扭

到了。萊利很快地站起來，朝操場跑道跑去，趕上了她的同學。當佳達和麗莎看到萊利快要靠近時，她們突然改變了跑步的方向。不受影響的，萊利仍然追上了她的同學們，指著跑道對她們說了些什麼（老師聽不清楚）。佳達和麗莎相互看了一眼，又繼續笑著走離萊利。

正當女孩轉身要離去的時候，萊利伸手抓住圍在麗莎頸部的長圍巾。快速使勁的一拉，將麗莎身體轉過來面對她，並抓住圍巾的另一端。萊利拉住圍巾的兩端往相反的方向猛拉，緊實地掐住麗莎。大概持續不到五秒，佳達放聲尖叫，引起操場旁教師助理的注意，並立即介入。萊利很快被拉離麗莎，並帶到學校的輔導老師辦公室。麗莎被萊利的行為嚇到，但並未受到任何傷害。

●大人們沒有目擊的霸凌

首先，我們來看看這些女孩的一些基本資料：

萊利是個八歲大的女孩，聰明但卻被診斷有社交困擾的亞斯伯格症候群。她渴望與她的同學成為朋友，卻往往發現自己在遊戲和活動時，由於她的同學發現她的古怪行為，有時甚至是粗俗的動作，而被排除在外。萊利因被同儕排斥的事件一再發生而感到強烈的困惑、挫敗和受辱，並在學校多個場合，因情緒失控對她的同齡同學口頭和／或肢體攻擊而陷入麻煩。

佳達和麗莎是最好的朋友，她們和萊利一樣都是小學三年級的學生。兩個女孩都在填寫的基本資料裡最大願望一欄寫著「受歡迎」。對佳達和麗莎而言，萊利可預期的情緒暴走是學校生活娛樂的來源。這兩個在社交上熟練的女孩們，直覺她們可以透過學校老師和教師助理們很容易沒注意到的小動作，來有效地像控制木偶般控制萊利，導致萊利的情緒失控。從佳達和麗莎的經驗上看來，萊利一定會因為情緒暴走而惹上麻煩，但她們卻能將自己的社交地位提升。縱使旁觀的同學都知道她們是如何操弄萊利，但對沒有察覺到的學校工作人員而言，佳達和麗莎卻仍可免於被責罰。

意外事件

佳達和麗莎在圍巾事件發生之前的一週裡，每一天都刻意邀約萊利在下課時間到鞦韆遊戲場一起玩。對萊利而言，這個邀約讓她覺得自己很重要，並渴望成為佳達和麗莎的好友，她每天都盼望著這樣的連結。然而，日復一日，每當萊利即將到達鞦韆遊戲場時，佳達和麗莎卻突然拋棄了她跑向操場，留下她一個人在鞦韆遊戲場上。在最初的前三天，萊利並沒有完全意會到這存心戲弄她的惡毒玩笑。直到了第四天，因為猛然著地導致的腳踝疼痛，以及連續兩次看著佳達和麗莎看著她再互看，一塊笑著跑開的經驗，萊利突然恍然大悟，她是佳達和麗莎刻意取笑嘲弄的對象。在了解的當下，這些經驗燃起萊利的情緒，於是她暴怒了。

練習

增強弱勢兒童的優勢

在尋找誰被霸凌這個問題時，我們關心各種弱勢的青少年。然而，事實上，所有的年輕人都擁有個人優勢和獨特的能力，使他們能夠成功應對霸凌。構建這些優勢，是有效介入終結霸凌的關鍵。

想想您知道的課堂上的學生、您工作的孩子，以及您自己的孩子。思慮每個孩子可能被霸凌的相對脆弱面，對於每一個您關心的孩子，問自己以下這三個重要問題：

1. 這個孩子具備什麼樣的個人優勢和獨特的能力？
2. 我能做些什麼來幫助建立這個孩子面對潛在霸凌危機的應變能力？
3. 誰可能是這個孩子的社交人際網絡支持者？積極正向的同儕？支持性佳的父或母？契合的輔導員等等？

　　衝動性兒童是社交上精明孩子取樂的對象，從挑釁情緒引出的激烈爆發，特別容易被其他人注意到，並獲得社交地位的提升。當霸凌被偽裝成友誼，拿友誼當作武器時（Whitson, 2011a），像萊利這樣的孩子會感到迷茫、沮喪、羞辱和不知如何應對。然而像佳達和麗莎這類亦敵亦友的人，卻仍可以大搖大擺的不斷進行這些隱藏性的霸凌行為。在接下來的金鑰，我們會再次重溫萊利、佳達和麗莎之間的事件，探討研究成人如何直指挑釁的來源，有效介入阻止這種類型的霸凌。

♥ 被霸凌孩子的跡象

　　身為兒童和青少年的治療師、反霸凌的全國教育工作者，以及最重要的，身為一個母親，我很想相信任何兒童，尤其是我自己的小孩，如果他們因被霸凌而來找我會談時會感到舒適自在。然而，諷刺的現實是，大多數被同儕傷害的孩子們，不容易尋求成人的幫助。我們將在金鑰 2 看到，孩子選擇不尋求成人協助的幾個真實而有力的理由。儘管受霸凌的孩子選擇保持緘默，但重要的是，成人要能夠敏銳意識到這個孩子正被霸凌困擾的警示跡象，使成人能夠及時介入協助，過不了多久，大多數的孩子就會願意主動談論他們被霸凌的痛苦經歷和所受到的屈辱了。

　　孩子可能被霸凌的跡象，包括以下任何一項：

- 未解釋原因的受傷。
- 遺失財物。
- 服裝、電子用品等破損。
- 逃避上學。
- 身體症狀如胃痛、頭痛等。
- 用餐及睡眠習慣、成績等改變。
- 避免社交互動。

● 自尊和自信下降。
● 情緒變化：出現悲傷、憤怒或放學後焦慮。
● 無助和絕望。
● 自我打擊的行為。

　　難過的是，這些列出的孩子被霸凌的跡象都與自殺行為傾向非常密切相關。任何談到自殺、自殘、離家出走、感覺無助，和／或責備自己沒有能力應對被霸凌的孩子，都應該由專業人士進行進一步的評估。

霸凌何時開始？

　　任何一個成人聽到「中學」這兩個字的時候，可能都會抱怨聲連連。看著他們翻轉著的眼球，代表了人生這段發展期的經驗，成人驚恐地回憶著自己青春期的尷尬和恐懼，以及成年之後養育自己孩子時，對於教養、輔導、諮詢以及育兒過程的內心深處反應。

　　痛苦的部分原因是霸凌在中學這段時間達到了高峰，製片人 Lee Hirsch 和 Gynthia Lowen，製作了一部廣受好評的紀錄片——《霸凌》（*Bully*），片中描述強調同儕間的認同感、孩子競爭受歡迎的程度、日益複雜的人際關係，和孩子們在揮舞社交權力時的複雜度和強度都超過以往（Hirsch & Lowen, 2012）。加上旺盛高漲的荷爾蒙、身體的變化，結合新科技的日益增加，這些年來的霸凌已經成熟發展出各式各樣的形式。

　　這並不是說霸凌是在中學才開始，並且就在中學這幾年結束。大多數專業人士和家長可以從孩子們更早一些的學校生活，舉出許多真實的痛苦霸凌事件，這些被霸凌的孩子失去了原有的天真，甚至自信破滅。在露西爾·帕卡德兒童醫院（Lucile Packard Children's Hospital）和史丹佛大學醫學院附設醫學中心（Stanford University School of Medicine）進行的一個問

卷調查研究顯示，九成的小學生經歷他們同儕的霸凌，而且每十名受訪小學兒童，就有六名參與某些形式的霸凌（Stanford University Medical Center, 2007）。

對於不同年齡層，統計霸凌總數任務提醒：隨著孩子年齡的增長，他們會變得越來越少向成人報告霸凌事件。或許是恐懼進一步的報復行動，使社交上更排斥，讓年齡稍長的孩子不願向成人報告同儕野蠻的霸凌事件。因此，更重要的是，對於較高年級的孩子，大人們仍應對正在發生的霸凌跡象保持高度的警覺，維持與他們溝通的暢通性，讓孩子們明瞭與成人談論同儕互動時的不安是正確的，隨時可以向成人求援尋求協助。

阻止霸凌是誰的職責？

在我開始回答金鑰 1 的最後一個問題前，我想明確表達支持，對那些陪伴孩子、與其生活在一起的大多數教育工作者、臨床醫生、心理諮詢師、社會工作師及家長，我是您們其中的一份子，我因專業素養與您們合作而感到非常榮幸，也把自己孩子學校教育的經驗和您們交換親身或他人遇到的故事。我認為您們的角色是了不起的，我也相信大多數奉獻自己的職業生涯和個人生活，給成長中孩子們支持的成年人，您們都是英雄，我一直為您們所做的一切感謝您們。

雖然這麼說，但也有成人公然和無情的打擊被霸凌的孩子，只要想到這，不禁讓我感到無比氣憤。雖然我明白，有些孩子就是會去惡劣地對待他人，有時甚至是言語無法形容的殘酷，但我不能接受的是，有時候周圍的成人故意讓它發生。霸凌既不是一種必然一定要發生的事件，也不是一個童年正常的部分，而是具關懷的成人必須使用力量，去杜絕的不必要的侵略事件。

在這最後一節，我指出了當成人在終結霸凌，為孩子做出一些正面改變機會的時候所面臨的阻礙。

❤ 沒有終止的待辦事項

我堅信成人有責任保障孩子們的安全，我也相信，今天的教育工作者已列有一大串待辦事項的表單，以維護孩子們情緒的幸福感，這也變成是一項真正的挑戰。教室課堂的差異化教學，使任課教師反向地滿足低學習成就學生的特殊學習需求，然而標準化的學業測驗，仍以這些共同標準規定評量所有學習者是否通過。加上學校預算削減的結果，教師只能少花錢多做事，備課、閱卷、出題、班親會、學生會議、在職培訓、回覆來自四面八方的電子郵件、各領域的科技整合、試行新的課綱等。以上這些都只是我簡單描繪老師被要求該做事情的表面而已。喔！我忘了將「教學及教育孩子」放入上述的代辦事項列表了嗎？教師的待辦事項列表似乎是永無止境的延伸，忽視對教師這些需求強度的人，對教育工作者和孩子都是一種傷害。

但是，我必須聲明：學校人員有責任建立，「霸凌是不可被接受的」文化，來保護孩子免受身體和心理的傷害。預防霸凌這個待辦事項和已在待辦事項列表上的其他項目一樣重要，它是校長、諮詢人員、任課教師和家長所共同承擔的責任，是以創造一個充滿愛心的學習氛圍環境為依歸的任務。不能有任何「這不是我的責任」的說詞，所有專業人士與家長都必須一起努力，不斷溝通協調來阻止兒童與青少年霸凌事件的發生。

當孩子無情地被霸凌，且無成人的介入下，是很難有成功的學業成就。單單出於這個原因（不論其他的道德義務），終結霸凌就是每個大人必然的責任。更重要的是，現在教師在學校防範霸凌已經是一個實質具法律責任的規範。1999 年，喬治亞州（State of Georgia）是美國唯一制定反霸凌法

律的州，然而，由於了解霸凌對孩子未來的影響，目前已經有 49 個州制定反霸凌法律（這就是我所說的進步）。根據法律規定，學校教職員工都意識到有責任解決校園霸凌的這一項規定，即使他們是真的真的很忙。

♥ 「成年必經之路」的心態

到目前為止，我總是同情專業人士及家長面臨的有效管理霸凌的障礙。但是，當談到「孩子只是個孩子」或「成年必經之路」的心態時，我的同情就會來個急剎車。把問題極小化，並不是一個有愛心的成人會做的事，而是一個會操控他人的惡霸才會做的事。

是的，孩子的行為是惡劣的，但，成人不應該用「這是成長過程必然會發生的標準事件」，或「孩子只是個孩子」這樣的態度來打發霸凌。當他們這樣做的時候，他們違背了孩子們的信任，也放棄為此負責任，並作為有愛心的成人角色了。真的就是這樣，沒什麼好說的。

♥ 忙不過來且資源不足

學齡階段的霸凌，被認為是美國社會一個普遍的問題，如果已經有一個簡單的解決方案，它早就被提出並實施了，您也不會還要絞盡腦汁想著如何預防霸凌，我也不用寫這本書。所以終結霸凌是一個極其複雜的挑戰任務，使我們感到不堪重負，更多的時候，那些看似不重視霸凌事件的成人，其實是根本不知道如何解決這個複雜的問題。

學校工作人員在很少的資金和短缺的時間裡，面對冗長的在職訓練，長篇霸凌事件報告書，處理家長、施霸者、旁觀者和受害者的情緒；臨床醫生陷於隱私法令與文書紀錄工作的要求而動彈不得，還有排滿委託人的諮商時間，要執行複雜且長期的介入晤談；父母感到迫切需要減輕孩子們所受的苦，但又覺得自己不知如何幫忙或沒有資格插手。

這些都是終結霸凌工作的壞消息。

好消息是終結霸凌的最大王牌其實是值得信賴的成人，每天傳遞一小個功能強大的訊號——「孩子的尊嚴是最重要的，孩子的安全是優先被考慮的」給孩子們。關於終結霸凌令人欣喜的訊息是，雖然沒有魔術棒可以直接讓霸凌消失，但現存就有許多獲得各專業人士和家長一致好評、簡單快速、聚焦問題且實用的終結霸凌策略可用。最好的消息是大部分的這些有效策略，同時也有助於建立孩子和成人之間的正向關係，從而讓環境有利於霸凌的消失。

本書的其餘七把金鑰，致力探索並概述這些易於應用及使用的策略。

🕊 十個當您看見霸凌時的實際可行策略

1. 辨別失禮行為、惡劣行為和霸凌行為的不同，而選擇正確的介入方式。

2. 教育孩子霸凌的定義，讓他們知道什麼是要注意的，什麼是他們自己可以面對應付的，以及什麼情況下應該向一個可靠的成人報告。

3. 發現被霸凌孩子發出的警訊，讓被霸凌的孩子知道在他／她束手無策時，誰是支持他／她的智囊團。

4. 尋找揭開促使孩子去霸凌他人的動機。

5. 利用孩子本身的優勢（例如：自我控制力、社交地位），做出一個具建設性的計畫，讓孩子可在面臨攻擊行為時，有能力去處理，甚至可將其改變。

6. 辨識學生中特別容易被霸凌的孩子，以及那些最有可能去霸凌他人的人。

7. 透過獎勵的方式培養良好公民素質，創造良善仁慈文化。

8. 屏除「孩子只是個孩子」，以及「霸凌是通往成年之路的一個必經儀式」的心態。

9. 在學校裡至少指派一個教職員，專責傳達學生所擔憂學校對霸凌能做的預防工作，自始自終能以維護學生尊嚴的方式處理霸凌事件。

10. 有責任的向專業人士諮詢，以建立學校工作人員的支持系統，能更有效地反應處理學生霸凌事件。

友好行為

給教師與家長終結霸凌的八把金鑰。

金鑰 2 與孩子建立連結

　　我知道對大多數教育工作者和以青少年為服務對象的專業人士而言，我們與家長、主要照顧者和監護人都有共同的驅動力，希望能為孩子的生活帶來正向積極的變化。總歸來說，我們了解與孩子建立有意義的連結是終結霸凌非常重要的關鍵。

　　不幸的是，一路上我們深陷過於繁忙的職場業務，以及管理自身家庭夜以繼日的需求。為了分類並完成孩子與自己一週的預約活動，如運動、約會等，我們發現自己從具人性關懷的人類，轉變成為無思緒的機器人。日常瑣事占用了我們大部分的時間，與孩子建立人際互動關係連結，似乎成為我們買不起的奢侈品。

　　請不要相信自己沒有時間。

　　促進成人與孩子建立連結，是任何孩子成長和改變絕對不可少的先決條件。與孩子建立有意義的連結，是基於一連串彼此信任、積極互動培養的過程。當一個孩子察覺到在他的生活中某個成人是真正關心他的福祉和所經歷的事時，他會更願意談論在他的生活中發生的任何事情，並更能接

受成人的建議回饋。更妙的是，當孩子們相信成人是真誠的試圖幫助他們時，對於成人在嘗試理解和處理他們的遭遇時，不可避免的搞砸意外也就會更寬容。孩子不在意成人是否能給出完全正確的建議，或只是給「千篇一律」且「永遠不會成功」的建議，他們真正在意的是，成人是否真心誠意的關心他們。孩子的雷達通常是相當精準的，如果成人只是想把與其建立連結當作一項工作，問幾個問題，填寫完學校規定的清單表格交差，那麼很快會被孩子請出場的。反之，成人願意花時間，把孩子的遭遇認真當一回事，耐心傾聽孩子的經歷，並儘量避免出現有「嚇壞了」的表情，長期來說會被孩子們接受和感激。

在金鑰 2 裡，我們將探討與孩子建立連結意味著什麼，以及與孩子們建立有意義的連結，是如何幫助終結霸凌的工作。

給出您的時間

時間，就像「房間裡的大象」（It's the elephant in the living room），我們得先來談談它。我注重時間到了一種極致的程度，我會因最後期限而激發挑戰，拚全力的想在最後期限之前將所有的事情完成。我的待辦事項列表不斷在腦海滾動著，我不得不承認，我喜歡將事情完成時，收到他人對我「有效率」的讚美。然而，大多數我專業上最大的失誤和所有我養育子女過程中最糟糕的遺憾，都來自於因為我急於想要把事情趕快做完，而無法給孩子們足夠的時間。

相信我，我並不否認工作的重要性。畢竟努力在職場上表現，讓您的雇主開心，完成職場工作可以支領薪水來支付日常生活所需的花費。但說實在的，我一天內職場所需要完成的工作，其實並沒有重要到需要我給它取一個合適的名字，更糟糕的是，當一天工作結束的時候，有時我幾乎想不起來我今日到底做過哪些工作。

相反的，我記得過去 15 年來，工作時接觸過的每一個孩子的名字，我可以誠實地告訴您，我與他們每個人相處的最佳時刻，就是發生在我放下既定的日程表，將時間調整來配合該孩子的需求時。同樣的，身為父母，我與我的孩子們笑到飆淚的時刻，也都不是發生在既定的行程表裡。這些經歷，對於身為一個理論與實踐並行的我而言，並不容易，但所有的回報是如此的勢不可擋及震撼我心。

我的 A 型完美主義性格的好兄弟姊妹們，每當有人在您們面前提到請擠出時間給家人時，就會自動築起高牆，我得承認，我知道您們的懷疑是從何而來，因為我就是這麼活著的。好消息是，您不必放棄所有您擅長完成的職場工作任務，並能繼續保有在雇主眼中的好形象，您只需要在偶爾當孩子尋求您的關心時，將手邊的工作暫時擱置一旁，專心於當下。因為您我都知道，工作仍然會在那裡等著您回來完成它們，然而，孩子們卻不會在被成人忽視或斥退後，仍然在原地流連忘返等待您有空的回應。我們堅持完成我們的工作，卻忽略孩子的成長，孩子們快速地長大，也漸漸疏離了我們。孩子的成長只有一次，所以我們應當把握當下，及時協助。

所有這一切似乎都在強調與孩子建立連結的急迫性，這裡有個好消息，與孩子建立連結是指給出時間，而不是一個費日耗時的承諾。其實在許多成人與孩子建立持久連結的經驗中，通常發現最有影響力的方式是發生在幾分鐘內，而不是以小時為單位的。這一點我非常清楚且肯定，有一個九歲的學生用極為歡樂的聲音告訴我，她的老師真的很喜歡她，當我問她是怎麼看出來時，她解釋：「每天當我走進她的教室時，她都對著我微笑，她與我去年碰到的每一個老師都不同。去年的老師總是在工作，甚至一整節課都沒有抬頭看過我們，偶爾除了提醒我們，或我們做錯事情時會抬頭跟我們說話外，總是低頭工作。我覺得今年這個老師真的是喜歡我！」接著一陣快樂的笑聲縈繞。這個例子足以證明與孩子建立連結可以發生在數分鐘內，教師只是短暫溫暖的打招呼，但對學生而言卻意味著這就是全世

界，雖然事實上，她的老師真的只是與她打招呼罷了。

🕊 時間足夠嗎？

我不是在暗示所有的成人只要每天對著孩子笑就能終結霸凌的問題。對於被同儕霸凌困擾的孩子們，他們需要成人的支持，是遠遠超出五秒的面部和善表情的。然而，我的建議是一個成人可以從簡單、溫暖的日常問候開始，與孩子建立一個有意義的連結基礎，這樣可以導致一個令人驚訝的結果，指引著受霸凌困擾的孩子，願意去向這位溫暖足以信任的成人傾訴。

我分享關於最近郊區一個小學老師，對一個以前被霸凌過的害羞孩子做一天一分鐘的介入，引起該位學生產生改變的故事：

安德魯在剛開學的前兩個星期，沒有跟班上任何一個同學說過一句話，即使是對我，他也只是用非常小、幾近耳語的聲音說一些短詞，或簡短的回應問話。安德魯沒有任何類型的語言、學習或社交疾病診斷，他自己形容，他只是「很害羞」而已。他的母親向我解釋，因為安德魯前兩年在他的學校裡被無情地霸凌過，所以現在他嚇壞了，這影響本學年他與同儕的交往互動。

您可能會覺得，班級裡有一個像安德魯這樣害羞安靜的學生是相當不錯的，但孩子們需要在學校裡學習和同儕及成人互動。我知道我對安德魯有兩種選擇：我可以公開嚴厲批評孩子拒絕說話的行為；或是選擇給予支持，想出策略引導安德魯說話。所有的課堂經驗使我知道，召集全班同學一起支持協助他，這是可能會為我們所有人帶來正向結果的唯一選擇。

所以，在學年剛開始的時候，我要求安德魯為我們做每日午餐計數的工作。為了做好這項工作，安德魯每天早上必須一個個詢問他的20個同學——誰要訂餐點，誰要在學校餐廳吃飯。對於要訂餐點的同

學,他得再問第二個問題:是購買每日主餐,還是需要訂製其他的餐點?

在前幾個星期,我給安德魯很多的指導,我重複教他需要說的句子,並一起練了好幾次這只需要花一分鐘的對話。我甚至與全班學生排練過程中的每一個環節,我教每一個學生要與安德魯有眼神的接觸,並微笑向他保證,他做得很好,當安德魯反應較慢時要有耐心。因為我知道花時間來教我的學生如何互相支持,與我們在這學年應該完成的任何讀或寫的課程一樣寶貴和重要。我也知道我必須在學年的一開始就趕快進行改變安德魯的計畫,否則想要改變安德魯的機會窗口就會縮小了。

我記得很清楚,當安德魯第一次站在同學面前時,他漲紅著臉,不斷的深呼吸再深呼吸,卻連一個字也說不出來。我承認,剛開始幾天,在我的腦子裡不斷的大喊:「安德魯啊,如果你不快點把午餐計數的事搞定,學校餐廳的工作人員就要來對我大吼大叫了!拜託,你快說話吧!」但我控制住自己,並被來自於一大群七歲孩子學習耐心、同情和善良技能的這一切所激勵著,所以我耐心的等待。某些日子,安德魯要花好幾分鐘才能開始說話;有幾天他又可以一開始就說出話來,但他從來沒有一天是沒有完成午餐計數工作的。到了十月中旬時,我們終於能在一分鐘內完成午餐計數的工作了。

曾經在有些日子裡,其他同學央求我讓他們來執行午餐計數的工作,但是我都沒有答應。我知道安德魯需要這樣一份工作,我也讓班上孩子理解,這個午餐計數工作全年都是由安德魯來執行的理由。

在每學年結束時,我們學校傳統會為家長舉辦一場舞臺秀,每個學生都要獨自上臺簡要談論他/她這年在學校發生的事。在演出前,安德魯的母親把我拉到一邊,傾訴她對安德魯登上舞臺演說的緊張心情。她再次提醒我,他前一年被同學嚴重霸凌的經驗,以及她擔心孩子們會再度嘲笑站在舞臺上一句話都說不出來的安德魯。我告訴她,這一年來,安德魯並沒有錯過練習站在同學面前說話的所有機會,並承諾她,她將看到安德魯有一群隨時為他歡呼的好同學。

　　果然，安德魯和其他所有的七歲學生一樣，自信的站上舞臺，發表了 30 秒的學年回顧心得。結束時，他眉開眼笑的在一群為他歡呼的同學們的喧鬧、尖叫聲中走下臺。我想說的是，雖然這是一個轉型的時刻，但說實在，安德魯的信心並不是在一瞬間就發生的，它是一整個學年裡每一天的一分鐘練習累積而成的，這樣的活動幫助了這個脆弱害羞的男孩，真正得到團體裡小成員們的支持與歡呼。時間，花得值得。

練習

● 致力於與孩子建立連結

　　當論及與孩子建立連結時，小舉動也能成就大事。想想有什麼樣的小舉動能讓孩子感到受重視、心聲被聽到、被明白？

　　至少列出三個與您工作接觸的孩子及／或生活在一起的孩子建立連結可做的策略，並堅持在每一個您與孩子們互動的時間裡執行這些策略。

如果我給不出時間會發生什麼事？

　　當孩子感受到來自成人的疏離時，我們就有一大堆麻煩了。這樣的陳述適用於一切青少年暴力行為，其中有許多是超出了本書討論的範圍，然而有關霸凌的部分，這一點是再清楚不過了。

　　如果沒有強大的成人連結，孩子可能會發生的狀況有：

● 會去霸凌他人的孩子，將無法受到他們在乎的成人的制止，會更肆無忌憚的霸凌他人。

- 受霸凌的兒童將感受不到成人的支持和幫助。
- 見證霸凌事件的孩子將沒有一個他們能通報所看到事件的成人。

所以成人與孩子建立有意義的連結，在霸凌的預防和介入上發揮非常重要的作用，缺乏這些連結的孩子，無論是旁觀者、霸凌者和受害者都無法受益。

對於那些仍然擔心在白天沒有足夠時間與每個孩子建立連結的人，我認為成人可以在多種方式上花費時間與孩子建立連結。可以是經由許多我們已經建立的正向溝通方式；也可以是刻意培養的互動；抑或是透過孩子外顯的行為和危機情況的協助。底線是：您想用什麼方式為孩子花費您的時間？把時間積極主動的投資在事先與孩子建立互相信任的關係發展上，相較於處理出錯的關係的反應措施而言是容易太多了（並不是指更有時間效率）。

讓孩子很自在的談論霸凌

霸凌最陰險的部分是讓受害者感到孤立無援和孤獨，許多被霸凌的孩子都不願意談論他們這些經歷，原因是：

- 他們被自我懷疑所困擾，懷疑自己是因為個人的缺陷才造成自己受害。談論他們被霸凌的經驗將是公開揭露自己比他人不足的部分。
- 他們感到屈辱和羞愧。被霸凌的經驗已經夠糟糕的了，再回溯轉述它的感覺就像是在傷口撒鹽。
- 他們擔心被同儕貼上告密者的標籤，使原本已經夠糟糕的情況更是雪上加霜。

這些恐懼對孩子來說是很真實的，向成人傾訴被霸凌的經過相當可怕。所以使孩子感到安全，是我們的責任。在本節中，我們將探討如何使孩子

們更容易自在地向成人談論霸凌。

♡ 專心聆聽

當我 23 歲開始我的青少年治療師職業生涯時，我並沒有比我負責的個案大多少歲，卻與個案的父母之間有著顯著的年齡差距。我對這樣的年齡差距感到很不適應，擔心我的年齡會被家長自動視為是專業上的無能。為了彌補這一點，我覺得我需要解決個案所有一切的問題。

我不得不說我自己做了一個勇敢的努力，那段時間裡，我幾乎每天都再次閱讀以前讀過很多次的精神疾病診斷與統計手冊（DSM），以及我當研究生時的教科書直到深夜。在感受到急需要知道一切有關心理健康疾病診斷以及預防與介入方法的壓力下，我忽略了幫助個案的一個非常基本的原則：尊重個案發生的事件事實，個案才是他／她自己的生活專家。

為了過度補償我的個案，早期我把很多時間花在與個案說話上，但經驗累積出的智慧，教會了我在與個案會談時要少說話多聆聽。

我學到了聆聽其實是成人可以給孩子的一個禮物，能有個傾訴的對象和被理解的感受，深藏在每個人的內心深處，特別是對孩子而言，因為孩子們總是被要求只能聽成人說道理。什麼是好的聆聽者呢？實行上，專心聆聽應該是保持沉默，但要比保持沉默再複雜點，聆聽涉及到以下幾個要素，如：

● 完全的專心和專注。真正的傾聽意味著手機、電腦、3C 產品、個人行程，以及其他會導致分心的事物都需暫時擱置。

● 良好的眼神接觸。這並不是指在孩子們做錯事時，要求他們看著成人的眼睛那樣生硬，同一個社交技巧可以用在不同的情境、時間和地點。當孩子們在談論痛苦的事件時，要求他們做出直視成人眼睛與成人眼神接

觸是件非常困難的事。保持良好眼神接觸的責任在於聆聽者，這麼說吧，我當聆聽者最好的時候之一是在開車的時候，因為當我開車時，我的眼睛必須盯著前面的路面，這樣的對話環境，沒有眼睛對看眼睛的緊張壓力，反而使孩子們更容易分享。

● **開放的態度。**當成人認為他們知道孩子將要說的話是什麼時，他們便聽不到在開放的心態下所能聽到的內容。有效的傾聽意味著您最好清除已存在腦海的結論，時刻保持開放的態度，才能與孩子的觀念、思想和關於事件的感受同步。

● **開放式問題。**有些孩子對霸凌能侃侃而談；有些孩子則很難啟齒。良好的傾聽涉及一些開放式的問題，幫助開啟一個沉默寡言的孩子的談話，使其能夠講述她／他被霸凌的故事；或者幫助一個困惑的孩子用新的視角來看待問題。

● **支持和同情。**孩子談論他們被霸凌的經歷需要很大的勇氣，縱使孩子能超越自我懷疑、羞辱、害羞，以及被貼上告密者標籤的恐懼，轉而向成人講述被霸凌的經過時，其實他仍是位在一個非常痛苦的位階。良好的傾聽涉及讓孩子深信有人支持他，了解、同情他的經歷。同理對孩子是最好的禮物，它讓孩子感到被理解，讓孩子知道，從此他不再孤單，不用獨自去面對問題。

♥ 傾聽和解決問題是不同的

　　一般情況下，當孩子向成人傾訴關於霸凌的情況時，成人第一直覺就是要去幫忙解決問題。在 Rosalind Wiseman 的《蜂后和其追隨者》（*Queen Bees and Wannabees*）一書當中，對成人這種善意卻得到反效果的反應的建議是，「對於霸凌，不要以為只能選擇去做一些事情，有時候也可以選擇什麼都不做，只是單純的給孩子支持！」（Wiseman, 2009）。良好的傾聽

並不是急於單槍匹馬的去解決所有孩子的煩惱，而是引導青少年一起尋求改善情況所需的步驟及過程，以及連結解決問題所需的更多其他成人。有些孩子需要較有建設性詳細指導的解決方案，這取決於他們的年齡、智力和具體情況的動態發展，但是所有的孩子都能在會談過程中，因為成人對他們獨立思考和勝任管理問題的能力有信心而獲益。

♥ 如何回應一個談論霸凌的孩子

好了，最困難的部分已經結束了，您已經成功地與孩子建立有意義的連結，孩子已經能夠克服自己的恐懼向您傾訴關於霸凌的經過了。恭喜！我是真這麼認為的，因為這可是不小的壯舉啊！但接下來，您要如何回應一個向您談論霸凌的孩子呢？

對於許多成人而言，找到合適的話回應可是一項挑戰。我們可能會發現自己有點慌亂，特別是當情況極為可怕或者已經持續了很長的一段時間。我們的思緒縈繞著孩子的安全、我們成人自己的過失、學校的法律責任，以及充塞著對犯下霸凌行為孩子的挫折、迷茫、疲憊等，這些思緒可以永無止境。

保持冷靜

這引出我的第一個重點，當孩子因信任您而跨出一步與您談論霸凌情況時，請保持冷靜，避免驚慌失措。他描述的情況可能是普通可以解決的，也可能是完全令人震驚和難以處理的，但無論是哪種情況，作為一個有用的成人角色就是好好傾聽，並表現出好像情況是完全可以被控制的樣子。您堅定的反應，將塑造您和孩子兩人正朝著解決此事件的態度。

表達同情

其次，向孩子表達同情對協助霸凌的處理有幫助，簡單的說句「我很

抱歉，這樣的事居然發生在你身上」，這樣的信號，讓孩子了解自己所描述的霸凌事件並不是成長過程中必須忍受的正常一部分。對在殘酷的霸凌接收端的孩子，成人表達清楚、簡單、真誠的同情是有效的介入策略之一。

感謝孩子

第三，感謝孩子勇敢告訴您有關被霸凌的事件，肯定他克服恐懼、尷尬和自我懷疑的勇氣，這是很值得感謝的部分。再者，也只有在孩子肯找成人談話時，成人才有機會幫助孩子，為他們做一些事情，光這一點就值得成人向孩子表達感謝。一個聽起來簡單卻有效的說法是：「這需要很大的勇氣來向成人談論霸凌的事件，謝謝你對我有足夠的信任而告訴我。」

鼓勵解決問題

專心聆聽的最後一個重要要素是，當孩子向成人吐露霸凌情況時，也就是啟動授權孩子解決問題過程的開始。因為給予孩子問題解決方案的掌控權是有利成長學習的，所以成人應該扮演給予鼓勵的角色，比如可以說：「你不必靠自己去面對及解決問題，讓我們一起共同努力，想出處理問題的可行策略。」但切記，要讓孩子主導每個細節。

儘管如此，肯定有一些孩子在會談時充滿憤怒和失望的情緒，可能會說出聽起來既無頭緒也不合邏輯，甚至不合法的語句及解決問題策略。還有一些習慣質疑成人提出的解決問題方案，或直接反對成人給的建議。不管在哪種情況下，成人的任務仍是繼續支持孩子，傾聽孩子們在會談中的思想和感情，始終如一的向她／他保證，您將與他們共同努力，想出建設性的解決方案和策略。許多被霸凌的孩子，都有無助和孤立的無奈感，成人的角色是協助孩子在經由傾聽、支持和肯定的會談過程中，重拾生命及獲得解決方案的掌控權。

追蹤

最後，追蹤孩子在霸凌事件會談後的發展是至關重要的，因為霸凌永遠不會是單一的殘酷行為，也不是成人和孩子之間一次有益的對話就能解決整個問題。成人應持續追蹤孩子，確保他們在最初的第一次會談後，身體和情感是否已不再受到傷害，並傳達來自成人的持續支持，繼續談談如何修正解決問題策略，尋找新的想法，並一再肯定已經建立起來的連結。

♡ 安全性

最後一步使孩子容易自在向大人談論霸凌的要素是有關安全性。如前所述，孩子們往往不會向大人吐露霸凌事件的首要原因，是他們擔心被貼上了告密者的標籤，或被視為是一個軟弱且無法獨立處理問題的人。事實上，創造一個讓受害人不敢舉報霸凌事件的氛圍，也是侵略者的整體戰略之一。會去霸凌他人的孩子就是故意使他們的受害目標感到孤立無助和孤獨。

安全的通報過程

建立一種讓孩子們感到向成人求助是安全的文化，是所有成人的責任，也是一個終結霸凌的關鍵策略。在任何學校或青年服務機構裡，建立多種霸凌訊息接收管道是重要的，這些方法應該包括施行時的匿名制度，以及保密條款的簽訂。孩子們需要感受到他們能自在並毫無畏懼的向成人通報霸凌事件，不用擔心被報復，並可以卸下「如果我說了，事情只會變得更糟」的重擔。

科技對於促進孩子通報霸凌事件的安全性特別有用，智慧型手機所擁有的應用程式，讓孩子、家長和專業人士可以透過網頁通信的方式，進行安全的學校和社區霸凌事件的通報。成人可以建立反霸凌熱線，許多學校

甚至經常開展全校匿名調查，蒐集有關霸凌行為的訊息。毫無疑問的，霸凌者造成受害孩子的恐懼可以是非常強大的，甚至可以透過身體和心理的恐嚇，阻斷受害孩子使用網路或電話進行通報。所以，如果有更多成人可以創建多個安全且保密的通報機會，就能減少受害孩子孤立無助的感覺。

●通報還是告密

告密就像指甲尖滑下黑板的聲音，對大多數成人的耳朵是痛苦的，同樣的，對孩子而言，搬弄是非的告密者往往是被鄙視的對象。然而，孩子需要一個安全可接受的管道向成人通報非請自來的侵略霸凌行為。劃分一條明顯的界線來區別通報與告密是有幫助的，告密行為是專門找別人麻煩；而通報行為旨在維持他人的安全。您如何教孩子告密與通報之間的關鍵差異？您又如何清楚的教孩子有關向成人通報霸凌行為並不是懦弱的表現，而是勇敢建立強大連結方式的概念？

練習

○ 您如何塑造孩子通報霸凌的安全感？

在個人層面上，您能做些什麼來讓孩子感到安全，願意向您通報霸凌事件？與同事或朋友分享可以令孩子們相信您是一個平易近人、值得信賴和安全的傾訴對象的策略。

在組織層面上，可以建立什麼樣的制度，讓孩子感到安全，願意向學校或機構通報霸凌？您會用什麼方法蒐集有關孩子被欺負的訊息？您將如何使用一些方法，向所有的孩子傳達他們身體和情感的安全性，將是優先被您考慮的？

嚴肅看待霸凌事件的通報

根據霸凌預防專家 Michele Borba 博士的調查，學年裡 49%的孩子通報遭受到霸凌，但只有 32%的父母相信他們的通報（Borba, 2009）。當孩子鼓起勇氣向成年人尋求霸凌協助時，我們應該認真對待他們的通報。孩子們是不是有時會混淆失禮行為與霸凌行為？答案是肯定的。但我們是不是就可以對誇大事實的孩子的通報內容置之不理呢？答案是決不可以置之不理。

當孩子鼓起勇氣舉報霸凌時，樂於助人的成人角色應如下：

1. 傾聽孩子的訴說。讓他感到被接受和理解，這是由孩子自己啟動建立連結關係的學習經驗。您在傾聽的過程並沒有什麼可失去或獲利的，所以請專心聆聽。

2. 相信孩子。請記住，對於孩子來說，他訴說的是他對事實的真實感受，不被成人相信的會談過程，會擊碎其心靈，將阻止這個孩子未來尋求成人協助的信念。阻止霸凌受害者向成人尋求協助，正是施暴者善用的手法之一。

3. 辨識霸凌。如果事件是比較傾向歸類為失禮或卑劣行為的例子，這是成人可以教育孩子分辨真正霸凌行為的關鍵機會。在這方面學會區辨，將幫助孩子搞清楚何時需尋求成人協助，何時可以自己應對同儕的各種行為。再者，任由失禮和惡劣行為發展，羽翼豐滿時，就成為真正的霸凌行為了。成人必須在事件一開始被知情時就介入，讓事件在可控範圍內，不致發展成真正的霸凌。

當孩子們知道，在他們生活中發生的事件，成人會如此嚴肅看待時，他們就能建立足夠的安全感，在需要的時候及時伸手求援。由 Davis 和 Nixon（2010）所進行的研究，引用了一些成人如何傳遞訊息，讓孩子知道他的霸凌通報是被嚴肅看待與重視的關鍵步驟：

1. 感謝孩子的通報為改變帶來機會。
2. 想盡辦法讓事件不再發生。
3. 明瞭受害者需要成人的撫慰。
4. 追蹤受害者，看看事件的發展是否有改善。
5. 確保每個孩子受到成人的鼓勵，願意富含同情心的花時間去關懷受害同儕，並與受害者建立連結。

練習

● **接到霸凌通報**

　　想想您如何確保孩子通報的霸凌是有被嚴肅看待的？

● 您如何傳達給孩子，他／她的通報是被採納的？您將如何維護霸凌通報的保密性？
● 您如何保護通報孩子免遭侵略者報復？
● 如何使用孩子的霸凌通報來當作加強與她／他關係的契機？
● 如果您在孩子的學校或其他為孩子工作的專業機構服務時，收到有關霸凌事件的匿名通報時，您會怎麼做及後續如何追蹤？

如何回應駁回霸凌通報的成人

　　剛剛過去的這個夏天，我收到一封來自我即將到校演講預防霸凌的學校家長的電子郵件。這位母親使用毫不含糊的詞句警告我，如果我只是想來告訴孩子，只要有人給他們取了綽號，就應該哭著去向老師通報，那麼

我根本不需要大費周章地前來演講。這是一封我無法在第一時間就完整讀完，而我也無法不再次閱讀的信件，因為我必須確保我有正確理解這位母親所要傳遞的訊息。

經過幾次的細讀，以及一些標註和一大堆的深呼吸之後，我回信道：

親愛的特蕾莎：

謝謝您的來信並分享您對我演講的關心。我想可能對您有幫助的是由我分享一點我如何和孩子談霸凌這個主題。任何一個好的反霸凌計畫都無法避免同儕衝突的發生，有時孩子們還會濫用他們的社會地位和權力，讓衝突更加升級。我的角色是幫助孩子有能力去處理衝突，而不是任由他們覺得孤軍奮鬥到不行時，才尋求成人的協助。

另外，其實有巨大的力量存在於孩子們之間的取綽號、社交排斥、同儕疏離、以及口頭騷擾等許多行為背後，即使是小學低年級，比起去告密同儕，孩子們傾向向成人隱藏被欺負的事實，原因只是因為害怕被同儕貼上「愛哭鬼」的標籤，進而得到更多的嘲諷和排擠。所以當孩子們鼓起勇氣向成人通報被欺負的事實時，那絕對是我們的義務，要去鼓勵讚賞她／他的勇氣，並嚴肅看待每一個孩子的通報。

就在同一天，我收到這位母親的回信。她說她接到我的回信之後，有了新的平靜和滿足的感受。我想，有時候我們只是需要知道我們的反應有被了解和重視。

嚴肅看待家長的霸凌通報

關於如何嚴肅回應孩子的霸凌通報準則，同樣適用於專業人士如何回應收到有關家長的霸凌通報。對於大多數的家長和主要照顧者來說，只有在問題變得很真實不得不伸手幫助時，才準備透過與專業人員的合作去終結霸凌。另外還有些父母，過度熱衷於向專業人員求助，只要他們的孩子

有任何雞毛蒜皮的小事，他們就打電話進學校辦公室，立即要求教師與輔導員前來開會，甚至留言塞滿語音信箱，威脅對所有相關人員採取法律行動。

雖然這些不通情理的通報，讓專業人士感到受挫，但任何成人都應該了解，在大多數情況下，主要照顧者的心情都是來自恐懼。父母保護子女是天性，傷在兒身，痛在娘心，父母及主要照顧者都希望保護他們的孩子免於各式的傷痛，他們心裡的警鐘建立在新聞報導某些孩子因霸凌而自殺的歷史悲劇事件上，導致他們立即投射到孩子們在學校裡遭遇的衝突。

有時，父母會反應過度。他們錯把像金鑰 1 裡引述丟樹葉的無禮或惡劣行為，認為是真正發生的霸凌事件。但是，有些父母幾乎具有像專業雷達般的敏感度，感受到非常不安和危險的訊號，知道孩子們正發生了什麼事。不管是在何種情況之下，可以肯定的是，父母跟孩子一樣都能從感到被聆聽和被理解而受益。父母和孩子們一樣，有權知道他們的關心有被認真對待。家長也和孩子一樣，有時可以從教育中受益以了解無禮與霸凌從何開始。總之，主要照顧者需要和孩子們一樣與專業的工作人員建立連結，唯有如此，成人才能將自己置於一個理想的角色，努力朝向一起終結孩子們互動間較困難處理的情況。

在金鑰 8 裡，我將具體寫下一些當舉報霸凌事件，卻被專業工作人員不重視時，家長可用的策略。

十個與孩子們建立連結實際可行的策略

1. 當孩子們進入您的辦公室時，請放下您手邊的工作及待辦事項表，面帶微笑迎接他們，並稱呼他們的名字。
2. 在上課時，先花時間注意孩子的情緒，孩子們需要在一個感到安全的

環境下學習。

3. 讓孩子覺得您愛死他們了（用一種好的方式表達）。

4. 傾聽有被霸凌經驗的孩子的故事。

5. 當孩子告訴您他被霸凌時，一定要相信他。

6. 確保每個學生在學校裡至少與一個成人建立連結，在她／他被欺負時能有可通報的成人。

7. 於午餐時間與孩子們進行小組餐敘，表達您對他們日常生活發生事件的關心。

8. 每天花一分鐘關心您班上最脆弱的孩子，聽她／他說說看當天發生的事。

9. 如果您親眼目睹了霸凌的發生，請盡快在事件發生後，立刻進行與被霸凌孩子的會談。

10. 建立多個保密且安全的方式，讓學生可以將霸凌通報給值得信賴的成人。

金鑰 3 即時終結霸凌

有效的介入策略

暫時拋開我一直在強調的「大解決方案」，它沒有辦法有效終結霸凌的論點，稍後我會再回來論述。首先，為了讓成人可以有效地終結霸凌，本支金鑰一開始很重要的部分，是確認我們是透過一個共同的角度來看待這個問題。如果老師們覺得校園到處可見霸凌，但校長卻矢口否認它的存在，那麼這個學校一定有問題。同樣的，如果一個臨床醫生注意到他的年輕病人，正被她／他的同儕迫害，但孩子的父母親卻看不出什麼問題來，也不認為成人應該介入處理，那麼我們防範霸凌行動也就等同處於停滯的狀態。不論是在哪種情況，都是孩子的損失。所以建立一個一致且涵蓋整個組織都能理解霸凌介入的策略，是有效終結霸凌的第一步。

建立一致的介入策略

社區、學校和組織時常會從州政府那兒收到處理霸凌的制式模式，1999年，美國只有一個州（喬治亞）制定反霸凌的法律，但目前美國已經進步到有 49 個州立法預防和終結霸凌。

　　州層級的立法為反霸凌奠定了社區性的基礎，使學校和組織機構能指定理想的人，依循這些州制定的反霸凌法條，訂定不被接受行為的明確定義、防範霸凌的具體政策、大綱和規範的程序。更重要的是，立法引起民眾的注意，闡明霸凌大傘下所有不被接受的不良行為。就像從前對霸凌行為的黃金標準界定只限於身體暴力，然而，如今成人肯定都知道網路霸凌和社交關係的攻擊，一樣會引起當事人極大的痛苦，有時甚至比身體暴力更具破壞性。

　　在每個地區建立反霸凌的法律共識並不是一項容易的任務，但現今幾乎已經在美國各州都完成了立法，成人繼續向下一個共同目標邁進：識別霸凌並迅速且即時地回應它（即將有更多如何做的策略在這把金鑰裡介紹）。

練習

● 您如何擬定反霸凌政策以符合國家法律規定？

　　如果您還沒有機會了解，請您研究您的州政府對反霸凌法律的內容，確定反霸凌的法條有哪些內容，概述您的州政府處理反霸凌的程序、建議的霸凌規範，以及防範霸凌的州資金運用等。

　　看看您工作的學校、機構或生活的社區如何制訂符合州立法的反霸凌政策。是否有一系列有關反霸凌的政策和程序的紙本資料？如何訓練反霸凌工作人員？您覺得這些培訓課程是足夠的嗎？有用嗎？符合實際情況嗎？

　　周密的政策和程序，可以建立出一個極大、統一且有用的解決問題框架。計畫不周全的框架會很麻煩，而且不切實際，尤其是當運用於為孩子們工作時，沒有一個單一的處理框架可以適用於所有的霸凌

事件，因此必須是周密計畫下的框架，才能處理各類型不同年齡層的霸凌事件。您找到了屬於您的州和地方政府在反霸凌法律裡的強項了嗎？有哪些是您的州可以改進的地方呢？您如何運用州和地方政府的反霸凌法律到您每天與孩子們工作的角色上呢？

　　地方州政府接下來要繼續努力的是籌募反霸凌舉措所需的資金。反霸凌倡導者已在建立法律的定義與保障上，取得了顯著的進展，但讓教育者、臨床醫生、青年工作者和家長感到極大受挫的部分是，無法籌措足夠的資金來進行需要的培訓，實施有效的介入策略，以及施行出色有用的預防方案。

　　現在，如前所承諾，我們從大環境返回來檢視探索州政府關於反霸凌的法規中，發生在我們自己的學校、團體和社區裡的典型霸凌事件，看看我們該如何做到有效的終結霸凌。

霸凌發生在什麼地方？

　　根據國家學習障礙中心（National Center for Learning Disabilities）的調查指出，學校工作人員通報或處理霸凌的比率是二十五分之一（Horowitz, 2013）。

　　您可能會想：「這怎麼可能？」

　　我不得不告訴您，事實上霸凌比想像簡單。雖然大多數老師都非常注意他們任課的教室裡發生了什麼事，但是有高達 75%的霸凌卻發生在學校教室以外的其他地方，如午餐時的學生餐廳、更衣室、操場、廁所、走廊、公車，還有最臭名昭著的網路上。所以當學校的人士告訴父母說他們不知道學生發生霸凌事件時，通常他們是真的不知道。

　　這並不是說，霸凌不會剛好發生在老師的眼下，通常身體霸凌是很容易被觀察到的；口語霸凌是很容易被聽到的；但人際關係侵略形式的社交關係霸凌，卻常常陰險的隱藏在視線和言語的情境之外。這種人際關係侵略的霸凌形式的特點，通常是故意不和受害者說話，或不邀請受害者參與社交活動。這種霸凌帶給受害者的痛苦來源是沉默，人際關係侵略的霸凌是一種無作為的犯罪，使得很難偵測到，即使是最精明的成人也不知道它正在發生。只有透過與個別學生建立有意義的連結，進行專業有計畫的偵測學生謠言的傳播，或社交人際互動的排擠，才能窺知一二。父母只有透過真正去傾聽孩子們的感受，才能同理孩子們感受到因人際關係侵略產生的嘲笑和排斥之痛。

增加已建立連結的成年人出現頻率

　　由於大部分霸凌事件都是發生在教室之外，所以增加成人在公共區域的出現頻率，讓學校的預防措施能真正啟動效用。這並不意味著需要昂貴的額外僱用像大哥哥一樣的工作人員，或像老鷹抓小雞遊戲裡的母雞無時無刻的看著孩子們，而是學校能夠使用下述的策略：

- 安排教師在下課期間於走廊走動觀察。
- 安排訓練有素的教師助理在課間休息的操場上走動。
- 在上下學的校車上放置明顯的錄影設備。
- 安排餐廳午餐分菜的工作人員與學生打成一片，進而觀察孩子間的互動。

　　先前在金鑰 2 的最後，十個實際可行的策略之一──「於午餐時間與孩子們進行小組餐敘，表達您對他們日常生活發生事件的關心。」這個幫助成人與孩子建立連結的方法，也同樣適用於本節。當成人出現在餐廳時，不單單只是溫暖的親自撿起掉落地上衛生紙的動作而已，而是製造一個與學生建立連結的機會，這樣學生間發生霸凌的相對機會就減少了。

任何上述幾點所列出實際可行的行動策略，都是有效的。因為一方面可以幫助成人與孩子們建立連結，另一方面減少孩子們霸凌念頭真正付諸行動的機會。增加公共區域成人的存在，可以讓脆弱的受害孩子們知道，成人積極參與保護他們安全的決心。更重要的是，這樣的措施經濟實惠，因為上述的介入措施是利用現有的人力資源，而不是添加一項新的支出項目。

練習

● 哪些地方應該有成人出現？

成人不可能無時無刻存在於孩子的生活中，這是事實，但成人應該在學校、機構或社區生活中，為了降低霸凌行為的發生所設計的策略中存在。請列出前三至五個要點，與您的團隊成員分享，成人可以努力為了減少霸凌發生機會而出現的時機。

如果您是學校或教育相關機構的工作人員，請就以下每個高風險的霸凌地點，做一份有關成人應該如何存在於該地點的計畫，來預防霸凌的發生：

1. 學校走廊。
2. 更衣室。
3. 廁所。
4. 活動室。
5. 校車。

例如，在課間休息時間，教師可以在走廊行走時觀察學生的行為，特別關心脆弱的孩子與同儕互動時的情境，建立一個孩子可以感知到整個學校公共區域因成人存在而產生的安全感。

🕊 創建一個正向學習的校園氛圍

年輕的學子通常每天花七至十個小時，每週五天不是在來回住家與學校間的校車上，不然就是在校園裡，所以接下來的這兩段都集中討論學校工作人員和任課教師，如何在學校學習的環境裡提供有效介入的策略來終結霸凌。但請注意，這裡所描述的策略是指同時也可廣泛適用於其他機構、小團體，甚至是家庭生活的策略。

想終結在學校發生的霸凌，必須從創建一種霸凌是學校所不能容忍的文化氛圍開始（這不能與校園霸凌零容忍政策混淆，我將在金鑰7說明為什麼校園霸凌零容忍政策，實際上是會惡化霸凌問題的原因）。創建一個正向學習的校園氛圍，必須由成人採取具體的行動，比如讚揚學校接受學生族群的多樣性，促進學生間的團隊合作，與孩子們建立連結，促進教職員工之間和學生的開放式溝通管道等。

營造一個積極正向學習的校園文化，須從校長的領導方式開始，並透過整體學校教職員的承諾來維持。為了達到成效，霸凌預防必須由成年人真正的身體力行，而不是信口開河，或是在回到學校過夜的活動中，發放幾張學生反霸凌活動承諾簽署單就算了事。同樣的，促進良好的校園文化營造，遠遠比懸掛一次靜態的「零霸凌」海報，或動態的專家蒞校演講影響更深遠（我真心誠意的如此說，是因為我也是演講專家成員之一）。有效的介入策略，是將反霸凌文化整合到全校工作人員和學生的日常活動行為中，並成為每個人思維方式的一部分。

我知道我講的這一切好像高掛在空中的甜派一樣，但實際的情況是，創建這種積極正向學習的校園文化氛圍正在全美各地蓬勃發展，成人可以在校園創建一個表揚友善學生，以及不容許霸凌行為的學習氛圍：

1. 把霸凌預防作為學校一個重點領域。學校應優先採用支持積極正向的介入行為來教導孩子，如「要尊重他人」，並作為連結成人持續強化孩子的全校性目標。

2. 支持由學校領導的具體終結霸凌措施。例如，鼓勵全體學生參與社交和情緒管理技能學習的課程，研究指出社交和情緒管理技能學習的課程方案已顯著減少霸凌的發生高達 50%。（我將會在金鑰 5 論及社交和情緒管理技能學習的課程項目。）

3. 賦予孩子們站出來為被霸凌同學發聲的權力，教導和鼓勵學生學習良好的旁觀者行為。（如何賦予旁觀者權力的策略將在金鑰 6 深入探討。）

4. 在同儕間受歡迎的定義，應該是在社交互動過程中真正感到被喜愛，而不是因恐懼被疏離而勉強參加。

5. 建立學生間的好友夥伴系統。可以配對高年級和低年級的學生，或是社經地位高的學生去關心比較脆弱的孩子。

6. 保持學校教職工作人員和學生之間的溝通管道暢通。通報霸凌不應該是一個可怕的或嚇人的過程，對學生而言，那應該只是一個與熟悉的老師、輔導員或行政工作人員自然舒適談話的延伸而已。

7. 成人應透過故意分離和混合不同幫派和小圈圈成員的方式，來鼓勵孩子結交多樣化的友誼。

8. 讚揚和榮耀學生的差異性與多元性。

9. 優先處理霸凌。成人需要及時且認真地上呈學生的霸凌通報，以免日後問題變得更加難以處理。

10. 學校應超越教學成功的唯一目標，極盡所能地投入霸凌的防範。因為學校不應容忍任何形式的霸凌存在。

🕊 打造一個正向積極學習的課堂文化

教師在學校終結霸凌上，應努力扮演舉足輕重的角色，因為教師是孩子合格的心靈塑造者，也是學生之間互動生態的雕塑家。Rodkin 和 Hodges（2003）的研究表明，當一個班級的教師是一個溫暖且關愛自己學生的人時，她／他的學生也會變得能與同儕相處愉快且融洽。這是一個真正的「跟我一起這樣做」的課堂教育文化概念。

♥ 創造一個良善仁慈的課堂規範

能最有效終結霸凌的教師，是那些能創造一個良善仁慈學習氛圍的課堂文化的人。廣受學生歡迎，人氣最旺的教師，並不是那些主導學校社交力量的人，而往往是願意對他人伸出援手的人。

回想在金鑰 2 裡，非常害羞且無情地被霸凌過的孩子安德魯。他的老師有兩種選擇方案：(1)批判安德魯拙於社交，並讓他在課堂上無發言的機會；(2)支持他學習克服障礙，協助他融入同儕。她選擇每天早上例行性的奉獻一分鐘來設計支持協助安德魯說話的活動，並讓該活動成為塑造具愛心、良善、仁慈的學習課堂文化共同體的基礎。對安德魯而言，這意味著一整個學年間，不斷重複被同儕排擠和獲得真正支持性友誼的差異，而且，安德魯也學到沉默與使用語言的區別。對於該班級的其他 20 名孩子，意味著學習到體恤他人、善良和耐心，否則對他們而言，那只是日常生活例行的吃午餐聊天或閱讀的行為罷了。

教師還能如何培養支持性的學習環境，讓霸凌行為無法著床生長呢？

● 利用課堂會議、活動和討論，來讓學生了解什麼樣的行為可以被稱作「酷」。

- 制定小組法條和課堂規範，明述霸凌行為產生的社會成本。
- 將社交和情緒管理技能學習的課程納入日常課程中，使學生經常有機會練習反霸凌行為，如憐憫心、同理心和同情心。
- 讓學生多參與團隊合作的工作，因為利用團隊合作的工作來塑造支持性的學習環境，勝過於競爭性活動的課程。

　　這樣的例子不勝枚舉，關鍵是有效益的教師會在教學過程中，無縫的融入霸凌預防的策略，形成他們的課堂文化。目前沒有任何一蹴即成的特殊裝配或危機談話小組，能運用在反霸凌的努力上，然而，教師卻能在每天的每一個課堂活動上，形成學生良善仁慈的規範，創造一個良善仁慈學習氛圍的課堂文化，以達到終結霸凌的目的。

♥ 對易受傷害兒童伸出援手

　　教師應創造積極正向學習氛圍的課堂文化，鼓勵學生接近協助容易受到同儕拒絕和排擠的兒童，使之成為班上所有同學的一個習慣。實際案例之一：去年有一位尷尬不知所措的母親，為了她那不擅長社交並急於取悅同班同學的女兒，而前來求助於我，因為她女兒在學校經歷了老師與班上其他同學一起排擠她的事件。她說，有次老師允許學生們自己分組，並分配每位小組成員一項工作做。她的女兒凱蒂，並沒有被邀請加入任何小組，每當凱蒂要求加入某個小組時，該組的同學們都一致的對她說，他們的群組人數已經滿了。凱蒂只好尋求老師協助，老師帶著凱蒂到一群頗受同學歡迎的女生小組，並用歉意的語調宣布：「對不起了，女孩們，凱蒂將是妳們小組的成員。」老師說完的當下，小組裡的成員之一翻了一下白眼，老師安慰的拍拍這位因憤怒而翻白眼的女孩肩膀說：「沒事的，只不過是一個星期而已。」

　　母親被老師這樣的行為激怒了，因為羞辱她女兒的人是老師，而不是

同儕。聽完那位心痛母親的陳述，我理應要哭了。然而，這並不是我第一次聽到這種成人默認助長霸凌的故事，教師看似為了班上和諧而進行的干涉協調，反倒助長了被霸凌學生的被排擠感覺及心靈的傷害。

有效益的教師既不迎合社交階級極受歡迎的學生，也不會因為疼惜不善於社交的學生，就去協助他／她加入一個尷尬的群組。相反的，能成功的終結霸凌的教師，是那些能鼓勵全班同學們，根據各個社交弱勢的孩子在同儕中的特色，使用有意義的方式，幫助這些孩子的成長和學習。像是在有自閉症個案的班級裡組織一個啦啦隊，使這個自閉症的學生，會看著活動的照片發出微笑；配對一個社交受歡迎的學生與一個社交弱勢的學生來建立好友夥伴系統；或故意安排餐廳午餐的座位，讓每個孩子都能與不同孩子相處一段時間等，以上這些都是有效益的教師友善伸出援手，協助有被排擠風險的學生極具影響力的做法。

♡ 使用簡短訊息

回想一下您的童年，想想某個成年人對您說過的，不管是好或是壞的一段一直停留在您心中的話。在繼續往下讀之前，反思這段話日後對您的生活、您的思維方式，以及您的行動的影響。

成人給孩子的訊息，會內化成為孩子們內心聲音的一部分。理想的情況下，孩子從成人那裡接收到正向且具建設性的訊息，用來建構自己的自尊與思考方式。一個對學生特別有助益的教師，她會信守幫助每位學生成長學習的承諾，使用具體的、令人難忘的且有意義的短語與每個學生短暫互動對話，作為創造一個積極樂觀思維模式下的課堂學習氛圍的策略。原則上，這樣的教師會在每天的課堂上，具體傳遞如下訊息：

● 生活是美好的（Life is great）。
● 蠟筆會斷（小學版的「人生到處充滿意外之喜」）（**Crayons will**

break）。

● 我可以做得到（**I** can do it）。

● 因善良而成名（**Be** known for being kind）。

● 將每個人放心上（**Keep** everyone in the heart）。

　　學生可以把上述訊息的例子，字串的第一個字母串成一個字序（LCIBK），寫在他們的作業本封面或課本上時刻提醒自己。對那些不知情的其他人而言，那只是像一串荒謬的字串，但對學生幼小的心靈而言，這些短語訊息肯定是內化過程極重要的提醒。

　　講到具體預防霸凌的短語訊息，有位老師回饋上述表列的最後一句話，她曾經告訴她的學生，他們的教室裡就像一個偉大溫暖的大心，然後有一個孩子當下即喊道：「耶！！然後我們都在大心裡面。」從那一刻開始，作為群體的一員，他們自動自發地創造新的詞句，如：「讓班上每個人都被這偉大溫暖的大心包圍著。」添加到列表中。從溫柔短語這點出發，學生自發創作標語規範提醒同學不要說出或做出一些傷害同儕的話和行為，形成良善仁慈的課堂學習環境。

　　在班級使用短語，比任何一個霸凌事件發生後的長談更有效益。事實上，正向短語比起憤怒反應的口語警告更具衝擊力，積極的短語在孩子霸凌行為的預防中，發揮了極大的效益。持續使用幫助學生建立積極正向人生觀的短語，使之成為孩子內心對話的一部分，並影響孩子思考自己與世界各地的相對關係，這是一個成年人在日常霸凌預防工作中具有強大功能的一部分。想想您將傳授什麼持久的訊息給一個孩子？

現存可用的詞句

　　不久之前，一位老師向我吐露，他對於學校所提供的霸凌預防培訓計

畫與策略非常有信心，但他總是在面對真實發生的霸凌事件狀況時，發現自己失去了使用語言的能力。他向我懺悔：「面對事件的當下，我不知道自己該說什麼讓霸凌行為停止。」

不單單只是這位老師如此，許多成人在親眼目睹各式霸凌事件的當下，確實無法選擇恰到好處的詞句傳遞給孩子們。好消息是，僅僅像上面提到的那些簡短訊息詞句，往往也是最有效且現存可用的介入詞句，事實上，在大多數情況下，越簡短越好。下面提供的霸凌當下可以使用的短語都不超過 15 秒：

- 「在我的班級裡，不宜那樣說話，這樣我們清楚了嗎？」
- 「發送這樣的簡訊內容是不被接受的。不要再發這種簡訊。」
- 「分組時不能有同學落單。讓我們一起來解決，重新進行分組。」

這些短語的好處是：

- 它們不羞辱或疏遠任何人。
- 它們讓大家知道老師是精明的，隨時明瞭班級同學的社交發展，而且在必要的時候不怕得罪任何同學，而會介入處理。
- 它們傳遞給所有學生一個強烈的信號——霸凌行為是不被容許的。
- 它們讓孩子確信在學校裡有一個值得信賴的成人，確保一個安全的學習環境。

這些不複雜的陳述有個很明顯的優勢，它讓老師能及時教訓進行霸凌的學生，同時可以預防未來衍生的各種更困難處理的問題。

練習

○ 您會如何應對？

下列的每個例子都是教師通報的真實事件，仔細閱讀每個例子並琢磨推敲如何去回應參與其中的每一個學生。（雖然任何一個例子都沒有唯一正確的回應，但在本練習的最後，每個例子我會呼應一個建議回應供您參考。）

♡ 場景

1. 您無意中聽到一群孩子嘲笑一名學生筆記本上的塗鴉，他們都笑成一團，並重複說著：「這也太娘了吧」和「根本是同性戀漫畫。」

2. 您發現班上一群孩子正在嘲笑某個露出腹部照片的班上女同學，該照片已經透過手機到處分享散播。照片的文字說明寫著：「你可以數得出我的肚子有幾層嗎？」

3. 您發現學生正在進行一項「誰最有可能成為一個 40 歲老處女？」的調查。當您質問此事時，同學們卻輕描淡寫的說：「我們只是在開玩笑，又沒有什麼大不了的。」

4. 您無意中在餐廳聽到一群孩子告訴一個學生說：「我們不要跟你坐在一起。」

5. 有人告訴您，您的一位學生成立了一個假的臉書帳號，這個帳號主要由一至三個學生輪流管理，目的是使用下流的語言羞辱、散播，並分享蒐集而來的某些特定目標學生的出糗照片。

♡ 建議的應對

1. 「用這些話打擊同學是不被接受的。我講得夠清楚了嗎？」

2. 「分享散播同學這種照片是不被接受的。我要看著你現在就把它刪除，好嗎？」

3.「我可以接受笑話,但現在這個一點也不好笑,設計一個目的是為了羞辱他人的調查一點也不好笑。請將問卷馬上丟入垃圾桶,也不要再進行像這樣的調查。」

4.「班上有同學落單是不行的,大家坐在一起吃吧!」

5.「我知道你和幾個同學成立了一個假的臉書帳號散播分享一些訊息。我確信你知道這是非法的,是會受到法律制裁的。我希望今天這個假帳號就會被關閉。」

簡單來說,日常生活中簡短且直接的介入詞句,比長篇大論的會談或講座來得有效,這樣的論點對許多教育工作者來說是一種福音。當然,還是有人會擔心,孩子們會在稍後的日子裡找到另一種方法來欺負他們的同儕,他們是有理由擔憂的,因為再次發生霸凌的機會真的很多。

事實上任何成年人如果認為單一的介入策略就足以徹底且永久地改變一個年輕人的行為,那真的是太天真了。孩子們每天都在探索自己與外在世界社會的關係,並測試新的行為被外界接受的程度,這是發展的常態。他們主動試探成年人的底限、同儕的接納尺度,以及舒展他們自己價值觀的可能性。所以一個簡短的介入,不會永遠中斷孩子們的攻擊行為,但重複、善意、對反霸凌的堅持卻可以終止。因此持續加入良善仁慈的態度,用自己的方式經營班級,以穩固您所創造的美好積極的班級學習氛圍。

六年級教室現場某個事件介入的當下

這裡有一個真實發生在兩個六年級女孩如何抓住任課老師不在的機會,欺負同學的壞表現,以及這位老師知道之後,如何處理她們的不友善行為的例子:

在一個星期五的下午，12 歲的塔利亞，心煩意亂的從學校回到家裡。她向她的母親吐露，班上有兩個女孩一起製作一份清單，清單有三個不同的類別：喜歡的人、普通喜歡的人和討厭的人。雖然塔利亞並不知道她的名字會被放在清單上的哪一類，但她知道這清單肯定會傷害人，甚至有人會因為它而悲痛欲絕。

塔利亞的母親不確定該如何處理這種情況，她無法確定自己的親生女兒是否會因為清單而受傷。她也不知道，這樣的清單製作是否已經達到了霸凌的界線，她更不知道是否應該做些什麼事情，所以她詢問我的意見。

從歐威霸凌預防計畫（Olweus Bullying Prevention Program）借用的第一個建議是：「如果該行為是不友善的，就該進行干預。」雖然不知道進一步有關該清單的用途是什麼、有多少孩子看見了，以及是否只是不成熟的不友善行為，還是已經是成熟的霸凌計畫的一部分等等訊息，但可以肯定的是，在這種情況下，它顯然已經妨礙了積極正向的教室學習氛圍的塑造，以及很可能引起未來廣泛和持久的傷害。

因為任課老師當天並不在學校，現在她只能夠轉述老師有關學生製作清單的事。我給塔利亞母親的第二個忠告是，一定要盡快通知老師，讓老師有時間準備介入的策略，所以塔利亞的媽媽週五下午就發了一封電子郵件給老師。之後，在星期一一大早，她就收到了老師的回信，老師感謝她的通知，讓她知道班上孩子的行為，承諾追蹤這個事件並回報給塔利亞的母親。

星期一早上的體育課結束後，老師集合所有的同學開會。她告訴學生，因為她想出了一個大家都會覺得很有趣的遊戲，所以她想集合大家一起玩。

「我要把你們分類，」老師說。「類別有三種：我很喜歡的學生，我普通喜歡的學生和我討厭的學生。」

說完，她看了看圍著的學生，大部分的學生看起來都很震驚，但有些人卻臉紅了（列清單的兩個女孩臉特紅）。老師問學生：「為什麼這不是好玩的遊戲呢？」用了整整十幾分鐘，她引導每個孩子都說

出為什麼這是一個壞遊戲的理由。接下來，該名教師還花時間跟孩子們談他們認為是霸凌的典型事件（例如：取綽號、謾罵、網路霸凌等），然後解釋其他可能升級為霸凌的惡劣行為，如八卦、竊竊私語、排擠，當然還有好友分類清單。她告訴學生，有時發生的社交互動事件，參與的人起初可能不會承認他們是在霸凌同學，而認為只是覺得好玩而已。她清楚地告誡學生：「任何一種形式的殘忍行為，在我的班上都是不被接受的，必須馬上停止。」

最後，她告訴學生，這樣的遊戲並不必然會成為一種霸凌形式，但如果放任它發展，就有極大可能形成更大、更具傷害的霸凌問題。她命令學生銷毀任何可能類似的清單，並告訴他們，如果從此刻開始讓她看到類似的清單，她會把它當作是一個問題，呈報給他們的父母和學校的輔導員及校長。

最後老師講的一段話是關鍵，她告訴孩子們「知道班上發生了一些不好的事情要說出來並不容易，但說出來，始終是最正確的事」這段話，意指塔利亞讓媽媽知道班上發生的事情，塔利亞和媽媽均是展現勇敢和公正行為的人，且再次確認塔利亞信任的成人（她媽媽和老師）能看見具有傷害的行為並在當下就被解決。

成人在終止霸凌行動中所做出的改變，對孩子而言是塑造良善文化的榜樣，也是受迫害者的救星，因為他們敢直接面對霸凌行為，並且終止它。教育工作者、臨床醫生和家長節省處理衝突、疏遠排擠、學業競爭和迫害的時間，用在預防霸凌上，積極改善孩子每一天的生活。

十個即時終結霸凌的實際可行策略

1. 起草一份清晰規範關於霸凌管理的學校政策，定義霸凌行為，以及明定霸凌事件發生的處理程序。

2. 成立包括教職員工和學生成員的委員會，制定學校反霸凌政策，透過

　小組討論的方式將此委員會制定的政策分享給學生。

3. 建立一個處理霸凌事件後果的合理層級體系參考架構，避免產生霸凌零容忍政策。

4. 與家長建立有關學校反霸凌政策的夥伴關係及有關反霸凌的協議。

5. 增加成人在公共區域，包括學校餐廳、走廊、更衣室、休息室和校車出現的機會。

6. 跟學生一起吃午餐，在餐廳安插幾個表定的座位讓全校老師輪流。

7. 溫柔善意對待任何一個與你互動的孩子，善待每一次與孩子互動的機會，因和善與孩子互動而聞名。

8. 整合預防霸凌活動融入日常工作，如班會、好友夥伴系統、中午的座位安排等等。

9. 鼓勵同學使用有意義的方式協助明顯弱勢的同儕。

10. 使用簡單、直接的語句終結霸凌，讓您的教室成為孩子們安全學習的地方（霸凌無法存在的環境）。

友好行為
給教師與家長終結霸凌的八把金鑰

金鑰 4 直接了當處理網路霸凌

21 世紀的孩子們，實際生活在一個 24 小時都可以與人接觸的環境。上一個世代的年輕人在學校遭遇霸凌時，可以指望在家裡躲過嘲笑，得到一個喘息的時間。如今，可悲的是，孩子們生活在不斷透過發送簡訊和分享瞬間發生的消息於社交媒體網站的世代裡，遭遇霸凌就很少有喘息的時間了。

近年來成人選擇不去對孩子的網路霸凌承擔責任，是一個極大的失策。為什麼成人不願承擔責任呢？學校的教職人員回答：「它不是學生在學校期間發生的……這不是我們的問題……學校沒什麼可做的。」地方政府則認為電信法規範除非犯罪或明確嚴重威脅到安全的網路訊息，否則無法可管。相較於孩子從小就被訓練如何使用電子科技產品，父母親常常是電子科技新移民，他們認為自己缺乏操作電子產品所需的技術和技能，所以無法追蹤他們的孩子在網路上到底都做了些什麼。以上種種成人將責任全面從網路上撤退的結果，給了會去霸凌他人的孩子不容置疑的網路霸凌通行證，讓他們可以自由不受約束的使用網路科技，控制同儕群體互動的文化，卻不受任何成人的干預。

　　所以，教育工作者、臨床醫生、青年保健輔導專業人員和家長對預防網路霸凌最重要的事情，就是傾其所能的正面應對網路霸凌，承認網路霸凌對孩子的世界具有深刻的影響，並設置標準與條約來約束孩子對自己在網路上的發言和行為負責。在金鑰 4 的這一章裡，我們開始檢視孩子慣用的網路霸凌模式，然後概述成人和孩子都能清楚明白安全使用網路的技術與策略。

是什麼讓網路霸凌變得如此糟糕？

　　Hinduja 和 Patchin（2010）定義網路霸凌為：「有人以一個他們不喜歡的人當目標，反覆經由電子郵件、簡訊或社交網站進行嘲笑和侮辱，來當作樂趣的行為，就稱之為網路霸凌。」以上兩位學者根據他們自己對網路霸凌的定義所執行的研究顯示，年齡在 11 至 18 歲的孩子，大約有 20% 的人是網路霸凌的受害者，約 10% 的受訪者，既是受害者也是網路霸凌犯罪者。

　　從統計學的觀點看來，這些數字似乎不太可怕，然而，真的沒那麼可怕嗎？事實上，您我很容易在任何一個網路搜尋引擎軟體鍵入「網路霸凌的統計數據」，得到比上述數據更為驚人的數字。這些數據或許是由比較不嚴謹的研究人員產生，但平心而論，網路霸凌的危險不是在於犯罪者和受害者的多寡，而是在單一網路霸凌事件下，有可能導致受害者受傷害的深度。

網路霸凌的傳播特性

　　網路霸凌往往伴隨其他「傳統」的霸凌方式進行著，但以下這些重要面向，是不同於傳統身體攻擊、言語攻擊和人際關係侵略形式的霸凌：

1. 網路霸凌是匿名出現的。肇事侵略者躲在電腦和智慧型手機背後，不需要現身面對個案進行霸凌。所以孩子們認為，因為不擁有真實可辨識的身分，所以他們可以逃脫受害者的報復。

2. 對於許多人而言，不透露姓名也是一張免除內疚的免責卡。孩子們發現當他們不需要用目光鎖定他們想要霸凌的對象時，便更容易展現殘酷。

3. 痛楚可以變得像病毒傳染一樣的傳遞。傳統的霸凌通常是一個霸凌者和一個受害者之間的一對一關係，目擊者或旁觀者可能存在，但規模僅限於走廊大小能容納的人，或是竊聽電話線一端的一個人。然而，在網路霸凌的世界裡，潛在的目擊者，或旁觀者群是巨大的。電子產品操作技術的發展，創造了幾乎是永無止境的「轉貼」、「分享」以及「按讚」的結果。這不再是一個孩子被幾個同學嘲笑的問題，而是可能成為整個學校、社區，甚至全世界的人羞辱的對象。單純在鍵盤上敲敲文字貼貼圖，就可以創造即時且幾乎是無法想像的巨大傷害。

4. 「網路霸凌就只是停留在網路上，有什麼關係。」傳統霸凌只是單一發生的事件，它發生了，然後它結束了，痛楚不會無邊境的流連不去，毫無疑問的，傳統霸凌事件本身就具有很鮮明的結束點。然而，當一個孩子遭受網路霸凌時，分分秒秒不斷重複的照片、影片和訊息的被「轉貼」和「分享」，造成永無止盡的痛苦。更糟糕的是，這些貼文會一直無限期的留在網路上，即使是犯罪者已經表達了歉意，網路霸凌已經留下了一個殘酷的貼文出發點，從該點仍然可以繼續轉發分享到其他任何網站。

5. 網路霸凌是沒有時間和空間的界限。現實生活中的霸凌事件，需要兩個人同時出現在一個地方，然而，網路霸凌卻不需要。網路霸凌能在貼文上傳的數小時之後蔓延，傳播數千里遠。一個受害的孩子，可以正以為安全地與家人依偎在家裡的同時，渾然不知道自己已經受到同儕在網路上無情的攻擊了。

🖤 科技引發殘忍？

毫無疑問地，從過去至今，霸凌比孩子使用智慧型手機的網路暴力存在了更長一段時間。Bazelon（2013）指出，孩子透過電子科技彼此互動交流，僅僅是擴展他們面對面對待彼此的溝通方式，並不是一個全新或完全不同類型的行為。以上所述的所有因素，電子科技似乎加劇了霸凌的殘酷，不過我們可以放心，它並不是引發殘酷的原因。

但是，我們真的可以放心嗎？答案是肯定的。這其實也是專業人士和家長的好消息，因為這提醒了我們，網路霸凌行為並不是碰不到或無法處理的霸凌形式，電子科技也不是只有目前這個世代的孩子才能理解和使用的，成人也能學習、理解，並進而在有需要的時候直接了當的處理網路霸凌。網路上進行的侵犯行為，成人是有能力幫忙制止的。孩子們所需要的是一個願意關心、同心協力和全面努力，直接了當去解決網路霸凌危險的成人。

練習

⬤ 網路霸凌有什麼新招？

充沛的網路登入技術和電信業者提供的無限上網方案，肯定增加了新層面的網路霸凌文化。想想下列各點：

- 有哪些具體的挑戰是新科技帶給現今的孩子所要面對的？
- 有哪些相似於您成長過程所面對的挑戰？
- 有哪些方面跟您成長過程所面對的挑戰完全不同？
- 您如何幫助孩子克服不斷連接外面世界的生活型態帶來的挑戰？
- 有哪些是孩子最新使用的社交媒體網站、應用程式和網址？

● 您如何學習並成為深諳這些最新社交媒體網站、應用程式和網址的
人，使您可以與孩子們談論，並有效地在他們需要的時候介入？

孩子應該在什麼年齡開始學習網路使用安全？

您在一所小學任教，所以您是不是認為還要過幾年，您才必須開始擔心網路霸凌這件事？您的學齡前小孩，因為她還沒擁有自己的手機，所以不需要擔心色情簡訊的危險？但，如果您是那種因為在乎孩子成長過程的安全，而來閱讀本書的人，您即將知道，以上兩個問題根本是不需回答的。活在當今的世界裡，電子產品應用程式開發商為了銷售育兒使用的應用程式給嬰幼兒父母，以及學齡前兒童平板電腦的普及，我們必須為最小的孩子可以安全地上網做好準備。以下是一群年幼和純潔的 10 歲兒童，在某個同學家過夜後，所衍生的問題的例子：

八個十歲小學四年級同學一起在琪琪家聚會過夜，慶祝琪琪的 10 歲生日。她們開始派對，就像許多其他派對一樣，一起吃比薩、看電影、拆禮物、裝糖果等。琪琪的父母參與了整晚女孩的所有活動，從協助做晚飯、彩繪指甲、閒聊……，整理大約放置有三十幾件動物標本的地下室，騰出可放入六個睡袋和六個枕頭的空間，讓女孩們留宿。當晚上 11 點熄燈後，現場看上去就像幼兒園的化身一樣令人愉悅和平靜。

然而，當琪琪的父母都去睡覺的時候，青春有活力的女孩們，開始掀起了活力。帶頭的女孩名叫海莉，因為有哥哥姊姊，所以她比其他人更「早熟」，談話很快地都繞著男生轉，比如說要如何吸引喜歡的男生、如何主動去親吻男生等。接著，海莉開始拍大家過夜的照片，有手機的女孩則開始傳送這些照片給男孩子們看。這些照片從女孩談論自己胸罩的形式和試穿其他人的胸罩開始。（喔不，並不是所有的

十歲孩子都已經開始穿胸罩，肯定有一些仍然穿著活潑甚至鑲有蕾絲花邊的襯衣。）

拍照活動在女孩風騷起來、爭相拍照的衝動下變得更糟糕，從單純拍攝胸罩、襯衣，到真人穿著內衣褲入鏡。海莉突然有一個穿著極短熱褲入鏡的想法，有個女孩建議她乾脆不要穿內褲，直接穿著短褲就好，然後，另一個女孩用她的手機，拍下海莉僅穿著短褲擺弄姿勢的照片。

被自己的瘋狂行徑耗盡體力的女孩們，終於都睡著了。隔天早上，她們擁抱著自己的絨毛玩偶，吃著鬆餅和培根，行為舉止再次像個十歲的孩子。她們回到學校後，成為了最好的朋友，在那年的其餘時光裡，時常興高采烈地談起那一次的夜宿。

四年後，成為八年級學生的她們，友誼起了變化，這八個姑娘不再是一個密不可分的小組。對十歲的女孩們而言，海莉成熟的方式，是她們仰慕的對象。但是，現在海莉卻是學校裡受到最糟糕言語霸凌的目標之一，朋友和亦敵亦友的人，聯手在公開場合叫她的名字，並加上「無恥蕩婦」來羞辱她。這種情況已經持續了數個月，使海莉幾乎無法忍受學校的生活。海莉以為事情已經到了最糟糕的地步，直到事件變得更糟糕的一天來臨。有一張照片被張貼在海莉的臉書塗鴉牆上，標題為「自四年級就開始的娼妓生活」。海莉起先不認得那張照片，她很困惑且受傷，因為似乎學校裡的所有同學都知道這照片，但她完全無法辨認那張照片到底是何時拍的，甚至覺得是被別人剪輯偽造陷害的。直到她四年級一起留宿派對的老朋友之一笑著問她：「還記得小四在琪琪家的那天晚上嗎？我們玩得多麼的瘋狂啊！」這下海莉才恍然大悟。

事實上，在四年級那個晚上，確實是以童趣開始的，即使之後主題開始偏離了基調，轉入了男生與胸衣的話題，派對仍然是天真無邪的。然而後來因為添加了數位組合照片的技術，瞬間使原本讓年輕女孩興高采烈的夜宿派對，成為海莉永遠後悔的一晚。難道是智慧型手機造成的殘忍事實

嗎？當然不是，相信當時拍照的女孩意圖也是純正的。那麼，是科技的使用造就了女孩們非預期的長期危機嗎？答案絕對是肯定的。

可確定的是，這不只是將海莉置於危險之中的事件而已，雖然她自己必須承擔在激烈玩鬧時將照片分享出去的後果，但事後轉貼在網路上分享流傳的女孩們，也將自己置於犯法的危險當中。拍攝和張貼未成年女童私處的照片，是一種犯法的行為。一個 14 歲的女孩，因衝動殘忍的念頭而點擊滑鼠的行為，她以為只是開個玩笑，卻沒發現自己已經惹上了麻煩的法律問題，這個結果對所有人都造成極嚴重的傷害。

難道這些轉貼分享照片的女孩，沒有預料到隨之而來的一切法律麻煩問題嗎？

大多數九到十歲的孩子，對於電子科技產品的使用都非常熟悉，但對於不當使用了這些科技產品，到底會造成多嚴重的傷害卻還是挺陌生的。甚至於直到青春期，許多孩子對於他們在網路上的行為所造成的法律後果，仍然處於無知的狀態。成年人對制止網路霸凌所應該做的措施，最重要的是教孩子有關線上行為的風險，以及如何避免這些風險，來保護自己免受持續傷害，或是觸犯法律。這種教育應盡早在孩子開始使用科技產品，或看到其他人開始使用這些產品時就施行。別忘了海莉那個事件，當時她自己並沒有手機，她只是參加了有手機朋友的派對而已。在當今這個社會，幾乎可以肯定的是，每個孩子都有自己的電子郵件信箱、智慧型手機、各種社交媒體應用程式和臉書帳號等等。

電子科技產品安全使用策略：專業人士和家長能做的事

雖然許多專業人士和家長都覺得自己像電子科技產品的新移民，而孩子就像在這個領域的原生種般的精明。但是，專業人士和家長的電子科技

產品使用能力缺乏，通常都可以因為成人的社交和道德經驗所造就的領悟性，很快速地學會。下面提供的實用電子科技產品使用安全策略及日常措施，對任何成人，不論是高科技老手或是網路新生，都可以用它來引導保護孩子網路上的行為。

♥ 保持密切的人與人關係

● 同儕互動

在數位化的世界裡，科技設備之間的溝通占主導地位，然而社交往來、健康情感的建立，以及人與人之間最好的互動結果，很多仍然是來自於面對面的溝通（Bazelon, 2013）。父母在這方面是有所幫助的，可以在社交場合，鼓勵孩子們放下電子通訊設備，與他們的同儕一起參與遊戲。然而對於年紀比較小的孩子，通常不是很容易經鼓勵而使用想像力進行無電子設備的遊戲互動，許多孩子們早在小學低年級開始，就已經整合電子設備技術，進入他們的同儕互動中，比如玩線上遊戲、看網路影片、在臉書上評論和分享、下載最新的遊戲和社交應用程式等。這些孩子花時間在一起互動，看起來像似無害的方式，如果主要照顧者能夠提供孩子們一個更好的同儕互動環境，將電子設備自孩子們的互動中移除，讓孩子能有面對面互動的機會，將對孩子更有幫助。

● 成人與兒童的互動

孩子必須在離線的時間覺得與成人相處得夠久，才會願意告訴成人他們被霸凌的經驗，或是網路上發生的事件。所以接下來，我講一些成年人具體可以用來監控孩子們使用電子設備技術的策略，但要明確聲明：即便是最精明的觀察者，仍會錯過一些令人不安的線上活動，沒有任何成人能認識孩子在所有社交網路上的成員。網路霸凌專家 Parry Aftab 認為要家長加入追蹤孩子的所有社交網絡和線上活動，是不切實際的，因為研究指出，

典型的孩子有三到五個臉書帳號，而他們的父母通常只知道其中一個（Willick, 2013）。成年人想要知道孩子在網路上發生了什麼事情的唯一可行選項，是創造一個有利的環境，每天有足夠的時間與孩子互動，讓其覺得有足夠的安全感而願意與該位成人共享。

首先，專業人員和家長應該教孩子在網路上也要維持健康的社交關係和待人恭敬的態度，然後直接與孩子談論網路霸凌的狀況。告訴孩子，一旦發生線上攻擊事件一定要讓某個成人知道，對父母而言，當孩子心中的「某個成人」不是自己時，是一個令人難以置信和震撼人心的感受。盡量不要把它當作是針對個人的，父母親的意見對孩子而言意味著一切，孩子可能只是太害怕父母親因他／她在線上被霸凌（或像個惡霸）而失望，所以才不敢告訴父母親。很重要的部分是，只要孩子至少有一個他值得信賴的成人與之連結，孩子可以有傾訴的對象，這樣就足夠了。

其次，成人應該教導孩子至關重要的網路霸凌法律後果，馬里蘭州的格蕾絲法案（Grace's Law）就是一個劃時代的反網路霸凌法案，它是用 15 歲的格蕾絲·麥克馬斯（Grace McComas）的名字命名的，格蕾絲因為社交網路媒體惡意騷擾而自殺身亡。在這個法案通過之前，馬里蘭州的立法僅適用於通過電子郵件的騷擾霸凌，然而格蕾絲法案擴大了它的適用性，舉凡社交媒體網站霸凌也納入。隨著越來越多的國家效仿立法，社會不再容許將線上的殘酷行為解讀成只是「孩子們空閒時間玩玩的東西而已」；或容許成人該對未成年人的行為負責的說法；或聲稱孩子只是無知，作為抗辯孩子不當行為的理由，孩子仍要為自己不當使用電子科技產品的行為負責，而專業人員和家長則必須承擔起教育孩子有關網路霸凌行為之法律和道德後果的責任。

●成人與成人的互動

成人可以成為處理網路霸凌事件時知識淵博的一份子，最有效的方法

是保持與其他成人的連結。為了一起終結網路霸凌，專業人士和家長都必須有足夠的安全感來付出，以便接收這些難以真實聽到的關於孩子們網路霸凌的訊息。這種安全感的實現，是指成人與成人互動溝通時的一種「我們是在一起解決問題」的思維，而不是指責助長「看看你家孩子做的可怕事情」的心態。

雖然大多數的父母，包括我自己在內，都渴望相信「我的孩子絕不會那麼做」，但事實是幾乎所有的孩子在某個判斷力差的時刻，都有過殘忍的線上行為，所以保持對這樣的事實開放的態度是至關重要的。如果我們將頭埋在否認的沙堆裡，另一方面，又無成人引導、保護及教孩子學習停止網路霸凌的技能，那麼網路霸凌問題就永無休止的一日了。孩子在線上犯了錯，而作為成年人的我們，是避免讓孩子一遍又一遍的做出同樣的嚴重錯誤，我們必須在知悉第一個錯誤的一開始就介入，然後指導孩子們如何彌補和阻止再次發生類似的錯誤行為。

讓一些家長知道自己孩子的線上殘忍行為已經很難了，還要家長站出來擔任傳遞發生網絡霸凌事件壞消息的人，就更是困難了。一來，這些家長擔心旁人的評斷；再者，他們也擔心被指控傳遞的事件和真實的情況不吻合；另外，他們也不希望被貼上了告密者的標籤。聽起來都很熟悉吧？這些擔憂都是真實的，但作為成人，我們必須要夠強大和這些擔憂的事實共存。當成人都知道有網路霸凌事件發生，卻都不敢或不願意介入時，孩子們就會同他的共謀者，盡其所能的將事件往最壞的情況推展。任何人都可以為終結網路霸凌所做的事，是盡快讓其他成人也知道它的發生。如果成人不能互相通報所知道的霸凌訊息時，我們彼此都失敗了。我們除了在保護受害孩子上失敗之外，我們還賦予孩子們繼續進行網路霸凌的環境，這樣放任下去，會發展出什麼後果呢？

下面是一方父母告訴其他兩方家長，關於網路霸凌事件如何影響他們

女兒的實例。

　　凱莉的母親看著她女兒 Instagram 帳戶裡的相片時，她看到了一張站在凱莉後面一個 14 歲同學的局部放大照片。凱莉是發布有關這張照片殘酷回應的幾個人之一，這些殘酷的回應評論包括「班上最大的屁股」、「噁，噁爆」、「肥婊子」和「妳會寫魯蛇嗎？」

　　凱莉的媽媽感到相當震驚，她立即打電話要求她的女兒將照片從社交媒體網站上撤下，並從凱莉的手機內刪除，還逼凱莉當下將她的 Instagram 帳戶關閉。母女倆討論了為什麼照片不宜張貼在個人帳號首頁的原因，以及沒有任何理由容許在網路上張貼、分享這樣內容的照片，並且討論所有留言者惡意的評論無須辯駁的原因。對於凱莉的媽媽而言，這是比較容易做到的部分，但除此之外，她知道她有兩個艱難的對話必須執行：一是與不知道自己的孩子已經在網路上被好朋友攻擊的父母親對話；二是與跟自己的女兒一樣，也參加了惡性評論的網路霸凌孩子的父母親對話。接下來的內容是她與這兩個家庭家長的對話內容。

與被霸凌的少女父母親做目的性的談話

凱莉的媽媽：您好，我是凱特，您女兒的同班同學凱莉的媽媽。

同學的媽媽：嗨，凱特。您好。

凱莉的母親：嗯，我恐怕有一些不是很好的消息要告訴您。打這個電話對我來說是很困難的，因為我對我女兒凱莉所做的事感到非常尷尬和羞愧，但我仍然必須鼓起勇氣讓您知道，這樣我們才能一起將事情導正。

同學的媽媽：喔，好的，感謝您打電話來，但聽您這麼說，我已經開始越來越緊張了……

凱莉的母親：我想先從代表我女兒向您道歉開始。今天早上，我在瀏覽我女兒的 Instagram 帳戶時，發現她轉貼了一張您女兒

背影的照片。幾個孩子，包括我女兒凱莉在內，發布了一些有關這張照片非常刻薄的評論。當我看到照片時，我馬上要求凱莉從網站上刪除，關閉她的帳戶，並刪除她手機裡的這張照片。我對她拍攝這樣的照片並張貼在網頁上感到很震驚和羞愧，我已經和她談過這個事情了，她也知道這違反了我們家庭所有的價值觀和規定。我懷著愧疚的心情告訴您發生這樣的事情，因為我知道，您有了解它的權利，並且我希望凱莉能夠有機會向您的女兒和您的家人道歉並彌補。

受害的青少年母親有不同回應凱莉母親的方式，她可以用震驚的語氣質問，為什麼傷害她的女兒；或是憤怒的指責凱莉的殘忍；詢問什麼是 Instagram；甚至詢問事件如何影響她的女兒及混亂到什麼程度；她或許會立即威脅採取法律行動；或完全淡化事件的嚴重性。最佳的反應場景是她應該感謝凱莉母親對她的坦誠，讓她注意到這一事件，並有機會在第一時間加入解決問題的陣線，事實上，要實現理性、有重點的處理策略方式，可能需要一些時間來達成，當下都是可預測的自然情感反應。

說真的，凱莉的母親無法控制受害同學的母親如何做出回應，她只能管理自己的用字、語氣和態度。在這種情況下，凱莉的母親選擇先道歉，並主動直接處理女兒的行為，而不是貶低對方，或隱瞞網路霸凌的事實。對於第一時間就發現孩子錯誤不良行為的成人而言，凱莉的母親這種處理方式，是教導孩子未來能有更好的人際互動行為的最佳典範。

您可能想知道凱莉必須為她的行為承擔什麼樣的責任？她應該自己打電話給受害女孩的父母嗎？在某些情況下，這是完全適當的，孩子可以先從向受害個案道歉開始，事實上，以上的情況確實主張凱莉要直接向受害個案道歉。儘管如此，涉及到像上述案例的問題時，仍然存在大量需要成

人之間進行溝通互動的地方，因為這樣的事件對孩子們都有可能造成深遠且持久的影響和後果。某些情況，孩子們完全可以自己處理線上的攻擊行為，但，成人不應該默不作聲，假設他們有能力可以在沒有成人的指導、指令和行為榜樣的協助下，自己將網路霸凌事件圓滿處理。

與參加網路霸凌學生的父母（熟識的朋友）對話

凱莉的母親：你好，蒂娜。我是凱特。

蒂娜：嗨，凱特。近來好嗎？

凱莉的母親：不怎麼好。事實上，我有一些棘手的消息想和您討論。我發現凱莉和艾瑪參與了一些讓我真的很苦惱的事情，所以我才打這個電話，因為我要確認您也知道，並竭盡所能一起請艾瑪處理這件事。

蒂娜：是有關 Instagram 的事情嗎？艾瑪剛剛告訴我了。她說，凱莉傳簡訊給她，說她因為張貼了一張照片給您惹出了很多麻煩。我看過那照片，說實在的，我覺得還好啊。那個女孩不該穿那麼緊的褲子，否則她就應該想到其他孩子會那樣談論她，您覺得呢？

凱莉的母親：嗯……不，實際上，我不這麼認為。我真的覺得吃驚，凱莉竟然會拍攝這樣的一張照片，甚至更糟糕的是，她還選擇將它張貼在網路上給別人看。我們家有規定網路上她可以做和不能做的事情，這很明顯違反我們談過的規定。我替那位女孩感到很難過，她一定覺得受到侮辱！

蒂娜：艾瑪說這個女孩根本不知道發生這事，我認為我們應該保持現況，反正那張照片已經從凱莉的網頁上撤下了，並沒有造成什麼傷害。

凱莉的母親：對不起，蒂娜，但我不能同意。對這個女孩已經有很多的傷害產生了。老實說，儘管照片已經不在凱莉的網頁上，但

其他孩子惡劣的貼文內容所產生的印象，仍然存在看過那則貼文的人心裡。我打電話給您，是想讓您在了解的情況下，與艾瑪一起解決這件事。我已經與照片女孩的母親講過電話了，所以那個女孩應該知道發生了什麼事。我不能對這樣的事情視而不見。

蒂娜：嗯，我不得不說，我覺得您對這整個事件反應過度了，凱特。孩子只是孩子，他們生活的世界就是這樣，他們什麼東西都貼在網路上分享，我們不用那麼認真嚴肅看待，讓他們自己處理吧。

凱莉的母親：好吧，我了解您在這一件事的觀點了。我猜我們將在同意與不同意的對話中不斷釐清來達到共識。首先，我很生氣凱莉，因為她拍照的這一部分，我不認為是她或任何一個孩子應該有的行為。拍攝那樣的照片，已經超出了日常生活樂趣的範圍了。它純粹是為了讓那個女孩難堪而拍攝的，我不打算讓凱莉認為這種殘忍的行為是可以被接受的。

網路霸凌的情況並非少見，從私交甚篤的朋友，到泛泛之交都有可能發生。是什麼驅使這種形式的霸凌如此混雜？可能是因為成人與孩子們之間對這種形式的霸凌缺乏認真協議，或者是不知道如何去管理孩子使用網路所導致吧！

如同在上一則對話的場景下，凱特不能控制蒂娜要如何對這種情況做出反應，或蒂娜要如何選擇懲戒她的女兒艾瑪。她只能夠決定如何處理自己的女兒凱莉，以及在這個事件發生之後為自己的家庭制定新的網路使用規定。凱特最基本的收穫是透過明確的網路使用標準規範，影響自己女兒的行為；而最好的情況是凱特的誠實和自信的回應，將提供其他父母一個嚴肅看待網路霸凌問題的典範模型。改變通常是從人與人、父母和孩子，以及同儕與同儕之間慢慢開始的。

♥ 孩子們的網路禮儀和可接受的上網行為教育

當網際網路開始成為一股強大的流行力量時，所謂的「網路禮儀規範」被用來形容合乎道德標準的上網互動方式規範。雖然尚未有類似的語詞，可以用來形容使用手機時的禮儀規範（手機禮儀規範？），但仍然可以廣泛的將手機的使用規範納入網路禮儀規範的範疇內。網路禮儀規範是指專業人士和家長應當建立一套標準來規範孩子使用網路時的行為，並教育孩子了解使用網路與同伴互動的好處，以及可能存在的風險。與孩子大多數的工作和生活一樣，並沒有一個簡單適合所有年齡層孩子的網路安全使用規範公式存在。但下面提供的八個普遍通則，是可以與所有的孩子們共享的。通則雖是直接針對年輕人，但仍提供實用且正向的同儕網路互動指南給學校、組織和家庭：

1. **仔細選擇您張貼的文字。** 您不會當面說的話，就不要透過簡訊或網際網路傳送。科技使得事情很容易衝動說出，或使用不友善的文字傳遞。讀您訊息的人，既看不到您的表情，也聽不到您的語氣，所以在網路上文字被解讀為諷刺或幽默，往往只是一線之隔，所以要盡量避免使用模稜兩可的字句。輸入文字時須小心，避免使用全部英文大寫、大一號字型，或是粗體字，因為它們讀起來像是您很生氣或在大聲喊叫。

2. **網際網路是武器。** 不要在線上談論其他人的八卦，因為您的發文可能被扭曲、操弄，並且未經您的許可就轉發分享。另一個原因是，在他人無法為自己辯護時談論他人，是不公平的。同樣的，社交媒體網站不應該被用於戰略性的排擠同儕，故意不讓她／他加入群組，或吵架後封鎖和解除好友關係。

3. **您張貼的內容是永久存在的。** 一旦您上網張貼分享，您就失去控制它往哪裡去的權利了，它可以被轉發到各個網站，它可以被修改使用。就像現在您可能相信您只是私訊親密照片給男朋友，或是與您最信任

的好朋友分享您的照片和秘密而已，但您還是應該要忍住，盡量避免在網路上發送任何太個人私密的訊息或照片。現在，您或許無法想像它會造成什麼後果，但是或許有一天，某些人會利用這些訊息或照片，扭曲修改編輯後用來對付您。

4. **這些訊息是給誰看的？** 網路上發生的事，永遠會停留在網路上。雖然一開始您可能只打算把您的私人訊息或照片傳送給特定的一個收件人而已，但請記住，它可以被剪裁、拼貼，並轉發給無限數量的人。永遠不要透過網際網路發布您不希望每個人都能夠查看的照片或私人訊息。

   說到這個，要仔細考慮您讓同儕拍攝的照片和影片。有時，某些圖像一開始只是為了好玩，但之後經過一些科技的處理，可以變成使您感到極度尷尬的方式呈現。記住，隨時都要將衣服穿上再拍照或錄影，不要以任何形式從事開玩笑行為的錄影，因為之後都有可能被某些有心人斷章取義或拿來對付您。

5. **媽媽會怎麼想？** 要善良，永遠不要使用電子郵件批評任何人，或說任何人的東西醜陋、骯髒。張貼之前停下來問問自己：「如果媽媽看到了這個，會怎麼想？」再決定是否張貼發表。

6. **慢慢來。** 在這個即時通訊和頻繁接觸的世界裡，您可能被周遭的人誘導在某個時刻說出涉及心靈感受的話，不要屈服於這樣的誘惑。在您張貼任何您心裡的想法、抱怨或反應之前，慢下來想一想，特別是高張的情緒如憤怒或悲傷的時候，停下來想一想，讓自己有機會冷卻您的頭腦，發布經過思考的東西，而不是日後後悔張貼了不能回收的訊息。

7. **不要和網路上的陌生人交談。** 記得在您很小的時候，您的父母告訴您不要跟陌生人交談的訊息嗎？它到今天仍然適用於網路上，這一點很重要，一定要記住。駭客潛伏在網路世界裡，用隱蔽的方式巧妙誘騙青少年的個資。絕不要輕易相信網路上的陌生人。

8. **了解法律**。網路霸凌是違法的,現在您知道了。聲稱不知道網路霸凌是違法的行為,並無法當作規避法律責任的藉口。事實上,對法律的無知是任何一個孩子逃避責任的方法,也是那些使用科技和社交媒體網站有意造成他人情緒困擾的藉口。但是,不論您是否知道法律規定,進行網路霸凌的人,還是有可能會被處以罰款,甚至是監禁的法律處罰。您的朋友認為只是在網路上張貼無傷大雅的照片,但事實仍是羞辱著照片中的主角,她/他正經歷著真正的傷害。所以張貼的友人和轉發分享的人都負有法律責任,留下那些苛刻或開玩笑評論的人也同樣有法律責任。

♥ 監控孩子們的線上活動

最近一次在回答有關網路霸凌的場合裡,有人咆哮著說:「我不知道這有什麼大不了的,為什麼所有的這些網站、應用程式和小工具都要得到家長的知情同意才能使用。家長就直接自己下載來使用看看,不就好了嗎?」

如果真有那麼簡單的話,我同意咆哮的人的基本意見,激勵家長控制孩子線上活動的基礎,成人也應該要學會使用這些軟體。不過,我提醒所有的父母,不要以為這是確保孩子們網路安全的唯一手段,因為家長的掌控是有限的,而我們都知道孩子們會一直不斷的測試成人的容忍底線。成人與孩子之間的討論、指引、準則、知識、趣味和有效監督及給孩子大量支持,是一道很好的自動化網路安全監督規範防線。

練習

● 鼓勵孩子互相學習

教育孩子了解科技的好處及風險的最好方式,是鼓勵他們與同儕

分享有幫助的資訊，畢竟最終孩子們才是真正的線上互動專家。

如果您是在學校或青少年團體機構工作，讓高年級孩子和低年級學生討論現在網路霸凌的防範技巧和策略，鼓勵孩子用科技產品互相教導技術。例如，孩子可以使用電腦製作反霸凌的視頻分享到 YouTube 網站；或者他們可以製作一份簡短的投影片報告文稿，分享有關網路霸凌的介紹給同學們。這兩個項目都讓孩子有機會使用科技技術，並具建設性的讓觀眾成員直接參與其中。

在家裡，可以要求哥哥或姊姊，寫下三至五個切合實際有關網路霸凌的教案給弟弟妹妹。所有孩子們共同努力挑戰：從網路霸凌的教案發展到實際演練教案裡每一種情況有效的應對策略。在這樣的活動中，家長能獲得典型的網路霸凌知識，以及他們的孩子所遇到的真實情況，並讓兄弟姊妹有機會一起朝正向解決問題的方向共同努力。在需要的時候，家長可以及時提供指導。

什麼叫做有效的監控孩子的線上活動？答案肯定會因年齡的不同而異。年幼的孩子真的很喜歡成人的積極參與（註：坐在旁邊看）他們的線上探索活動。在幼兒園和學齡前，學校裡的孩子並不需要太多防範網路霸凌的保護，因為他們正在學習建構瀏覽網站的能力。所以這段期間的孩子，需要建立網站瀏覽能力的基礎、學習軟體應用、教導他們保護網路上的身分，以及避免進入不安全的駭客網站。

隨著孩子年齡的增長，監控變得既棘手且嚴格。從小學高年級開始到高中，孩子們有豐富的知識、能力和動力，喜歡獨立運用網路技術，不希望成年人干預。他們甚至擁有自己的智慧型手機或電腦，大部分都在他們的臥室裡，使得成人的監控更加困難。預防肯定是重於治療的，談到保護孩子們的線上安全，成人應該在孩子小學高年級獨立之前，做好與他們建

立連結的這個部分，除了教導他們使用網路的技術外，並加入教育他們可被接受的線上行為。至此，成人就只能屏息以待，期望從此一路美好嗎？當然不是只有這樣，高年級以後還是有很多專業人士和家長可以做的其他有效的策略。

知道孩子的密碼

當時機成熟時，允許孩子使用手機上的推特（Twitter）、Skype、Chatroulette、YouTube，或任何今天不斷推陳出新的社交網站，大人無法超越界限擁有權利去造訪孩子的每一個社交帳戶。請注意，隨著線上活動的發展，越來越多的社交網站甚至不要求設置個人帳戶或密碼，而是允許公開、不具名的登錄方式，甚至還有快閃留言攻擊的網站。研究指出，4Chan 網站允許任何男性無須任何預先註冊帳號或創建帳戶，就可以發表評論和共享圖像，成為男性網路霸凌最熱門的模式（Crouch, 2013）。

科技所帶來的自由，即使是最值得信賴、負責的孩子，也可能被誘使從事危險的線上活動。所以很重要的是，成人要讓孩子知道他們會隨時審閱簡訊、臉書的貼文、觀看 YouTube 的上傳影片，並提供其他任何類型的監督，強調安全使用科技的重要性。是的，年長的孩子們總是會學到新的方法來阻止他們的隱私權被成人「入侵」，不過成人的角色仍是建立價值觀、準則、限制和信任。

給孩子一個重要的區辨：分享他們的密碼給一個值得信賴的成人是重要的（孩子有可能不願意），但將密碼分享給朋友，卻是徹底的危險。今天是值得信賴的朋友，明天卻可能突然變成死敵。當孩子與朋友分享自己的帳號密碼時，他們就等同於放棄自己在線上的身分識別控制權，並有可能危及他們實際生活辛苦建立起來的良好口碑。

如果有未成年的孩子使用社交網站（如臉書）的家長們，一定要要求

他／她至少加除了家長以外的一個值得信任的成人為臉書好友。雖然剛開始時孩子們可能會覺得被監視而抵制，但當父母提出基於關愛與保護孩子的福祉為出發點的論點時，未成年孩子的偏執感，往往會被父母的誠懇與愛所融化。

設置家長監控通知

如上所述，家長監控是監督孩子網路上活動的防禦系統中，一個重要的第一線工作，但家長不應該認為只要這樣做了，就可以萬無一失。父母監控設備或軟體可以自由在許多合法的網路安全公司購買。他們提供了許多重要功能，其中包括：

- 特殊硬體設備來監控瀏覽所有孩子造訪過的網站紀錄。
- 記錄電子郵件、即時訊息、聊天和社交網站活動的軟體。
- 阻斷不希望瀏覽的網站和使用者帳戶軟體。
- 阻斷網路廣告、惡意軟體及釣魚程式等的軟體。
- 螢幕截取功能軟體。

「Google通知」（Google Alerts）提供成人有效監督某個特定孩子網路上活動的途徑，家長可以設立一個透過電子郵件通知的「Google 通知」，每次只要孩子的名字、用戶名、被標籤的圖像照片、電子郵件地址，或其他識別訊息在網路上被提及時，Google 就會傳送電子郵件通知給成人。「Google 通知」可以很容易地客製化，幫助成人接收關於孩子最新分享和發布於網路上的所有作為。

將電腦放在公共區域

無論是在學校教室、青少年活動中心，或是在家裡，電腦最好是放在公共區域，所有的人都可以很容易看到其他人在網上做什麼事。因為即使是聰明善良的孩子，也可能因為誘惑而陷入觀看不好的線上照片或影片，

或者袖手旁觀同儕受害者被霸凌的影片。把電腦放在公共區域雖然不能完全制止這種行為，但至少使孩子三思而後行，因為擔心隨時有人會經過而看見他們正在進行的線上活動，往往能大大減少孩子參與的衝動，讓孩子對於線上活動三思而後行，正是成人監控的主要目標。

●讓溝通持續

成人與孩子如何安全使用電腦科技，不應該被視為只是曾經完成並已劃掉的一個待辦事項就可以了，應該保持這樣的溝通，持續與孩子討論在網路上可以做什麼、看什麼。由於大多數的孩子常常很快的在成人的長篇大論裡分心，成人最好提出以下的問題來促進理想的溝通方式能夠持續下去：

- 您會當著對方的面說出剛剛傳送出去的簡訊內容嗎？
- 如果您的父母看到這封電子郵件，他們會怎麼想？
- 有沒有可能您發送的訊息會使您感到尷尬，或造成您的朋友、您的家人或其他人的傷害？
- 您為什麼喜歡看這個影片？是什麼原因讓您的朋友想要觀看和分享？
- 您的文字留言有沒有可能被斷章取義？
- 您的朋友都在社交媒體網站上分享什麼樣的事情呢？
- 如果您收到了威脅或散播謠言的簡訊，您會怎麼做？
- 科技如何使您很容易說出一些不厚道或殘忍的字句？

智慧型手機和社交媒體網站是孩子主要的霸凌工具，所以一直不斷重申電話簡訊及社交媒體網站，不該被用來當作散播八卦、排擠同儕，或羞辱他人的武器是非常重要的。

♥ 將終結網路霸凌納入學校政策

大多數的州霸凌法律都有包括網路霸凌的具體規定，學校和其他青少年服務機構或組織，也應同樣制定明確的學生安全使用科技書面的指南，這個指南應包括網路霸凌安全通報機制，以及當學生違反使用規定時的處置協議，這本網路霸凌指南應當清晰地傳達給學生和家長。很多學校會要求孩子們簽署反霸凌保證書，這其實有助於記住已經討論並同意的反霸凌政策的方法。

Hirsch 和 Lowen（2012）認為，學校應該走得更遠一點，指定特定的人來負責隨時跟上與網路霸凌有關的現行法律，並制定阻止網路霸凌發生的最佳實踐策略。學校裡這個特定的網路霸凌預防專家，將負責與家長及當地法律執法人員聯繫。

♥ 寫在紙上，在家使用合約書

對於家長和主要照顧人員而言，為確保您已經明確傳達科技使用指引給孩子們，並確認他們已經正確接收了您想要傳遞的訊息，最簡單的方式便是擬定科技使用合約書。最有效的合約書是經由家長與孩子對話、思想交流後，相互協議而發展出的。這並不是說，孩子應該擁有自訂規則的權利，而是當孩子們覺得他們有建立標準的發言權時，他們通常也會更投入去維護這些規定與標準。

科技使用合約書應該要簡單、直接且全面，內容最好是有具體的價值，如：尊嚴和尊重。一個懲罰多於鼓勵，內含一系列標明「你不可以……」的合約書，是得不到孩子的心，也無法令孩子遵守自己定下的標準的。

專業人士和家長可以在手機、電腦與社交媒體網站上找到電子科技使

用合約書的範本，這些範例往往是親子談論電子科技使用安全對話很好的開始，然後家長和孩子可以一起根據每個孩子的年齡和階段制定具體適用的合約書。在對話的一開始，應該向孩子保證，制定合約書的目的不是要限制他們使用電子科技的自由，而是給他們一個家庭結構內可以接受的明確框架，去享受電子科技。

最後，必須提醒選擇與孩子們簽訂電子科技使用合約書的成人，這些文件只是開啟討論網路行為規範，並持續討論重要價值觀的有用工具而已，不能和實際具有法律效力的文件混為一談。對孩子來說，最佳的合約書是可以常常修改的。另外順帶一提，成人在沒有與孩子討論的情況下，縱使取得孩子簽了名的合約書，也不具法律效力。

♥ 讓科技休息一下

科技帶給孩子最大的威脅就是恆久持續的聯繫機會，孩子們覺得有必要夜以繼日的檢查其他人說了什麼，所以要求孩子讓科技休息一下吧！學校和青年領袖應建立關於白天使用手機和科技的合理規則；家長也應該制定夜間在家使用科技產品的標準，比如不可以在床上充電，充電最好在臥室外。我們會規定孩子不能在屋外漫遊到深夜，為什麼同意讓孩子不受限制的在所有的時間裡使用電子科技產品呢？一個是涉及人身安全；另一個卻是涉及情感安全，兩個都對孩子的健康成長和福祉至關重要，都應該受到規範。

練習

◉ 我的天啊！！怎麼有這麼多網路縮寫隱語？

簡訊文字縮寫有自己的意義，比如：LOL（笑得很大聲）、JK（只是開開玩笑）、BRB（馬上回來）等，這些縮寫對年輕人來說都再平

常不過了。但在大多數成人認為 ATM 是代表銀行自動提款機的今日，其實 ATM 暗指在百貨公司會合的縮寫（at the mall）。

很多網路上年輕人使用的縮寫隱語都是聰明且神秘的，故意讓成人難以捉摸。超過 30 歲的人可能無法知道所有的縮寫隱語，但只要有更多的專業人士和家長在教育孩子們的過程中，學習了解這些縮寫的涵義，就能夠更好的監控孩子網路行為以及是否濫用這些不當的縮寫隱語。

♡ 您知道（**Do You Know, DYK**）多少網路英文縮寫隱語？
（答案在下一頁。）

1. BFF	9. 53X
2. TTYL	10. LMIRL
3. ROTFLMAO	11. AITR
4. CICYHW	12. MOS
5. CYE	13. Code 9
6. FYEO	14. TAW
7. FWB	15. IMGC
8. 420	

當您在下頁查看以上這些司空見慣縮寫的答案時，花一點時間來將您的個人想法和感情融入其中。想想有何您認為可以用來與孩子相互溝通的具體辦法？這些縮寫隱語的使用，如何讓您意識到孩子交流內容的類型？您可以做什麼讓成人深入了解孩子掩飾的網路社交用語？您如何融入孩子的網路縮寫隱語世界裡，成為有所幫助的存在？

正當您以為想通了這些網路縮寫隱語的意思時，孩子們就又有了新的發明和變化，專業人士和父母所面臨的挑戰就是時時保持更新。

成人可以在「文字簡訊縮寫」（texting acronyms）搜索引擎軟體鍵入縮寫，就能搜尋到該縮寫的原意，但要注意的是，在這個網站搜尋到的縮寫，有許多都很低俗，這就是真實的網路世界。如果我們想要帶領孩子平安地度過網路世界，孩子知道的語言，成人也需要知道。

答案
1. BFF: Best friend forever——永遠的好朋友
2. TTYL: Talk to you later——待會兒聊
3. ROTFLMAO: Rolling on the floor laughing my ass off——笑得滿地打滾
4. CICYHW: Can I copy your homework?——可以抄你的作業嗎？
5. CYE: Check your e-mail——去看你的電子郵件
6. FYEO: For your eyes only——不要給別人看
7. FWB: Friends with benefits——利益往來的朋友
8. 420: Marijuana——大麻毒品
9. 53X: Sex——性
10. LMIRL: Let's meet in real life——讓我們在真實的生活中見面
11. AITR: Adults in the room——有成人在場
12. MOS: Mother over shoulder——我媽站在我背後
13. Code 9: Parents are around——家長在旁邊
14. TAW: Teachers are watching——老師正看著
15. IMGC: I might get caught——我可能被逮著

♥ 讓電子科技使用權成為特權

提醒孩子們電子科技媒體的使用是特權，家長應該明確規範這些特權，並告知孩子這權限可以在某個時間點因為違反規範而被限制或撤銷。

♥ 要求孩子對自己的網路行為負責

學者 Kraft 和 Wang（2009）在針對國中和高中學生進行的研究中，詢

問孩子什麼會讓他們停止網路霸凌，孩子們列舉的答案裡，第一名是父母剝奪他們的社交網站使用權，其次是父母沒收他們的電腦或手機。讓孩子意識到按照國家法律規定，不管在家裡或在學校，不良上網行為造成的後果，是成人會採用有意義、令人信服的方式，要求孩子們對自己的上網行為負責是很重要的。

完全禁止使用電腦或手機可以解決所有的問題嗎？有一些成人思考這個問題時非常嚴肅而肯定，理由是當他們還是孩子時，並沒有這些社交媒體網站或簡訊，他們仍舊毫無問題的長大成人，所以他們的孩子也不需要電子科技。的確，許多專業人士和家長都是在不是電子科技主導的時代度過成長期，但現實是，成人必須在電子科技主導的當今世界裡培養、教育孩子。在家裡、在學校、在工作中、在很多的場合，我們不得不使用電子科技產品。更有益的做法不是一味完全禁止電子科技產品相關的活動，而是教孩子如何安全地管理它，並永遠在所有的網路行為上尊重自己和他人。

♡ 溝通規則時處於關懷的情境

無論孩子們的電子科技知識變得多麼複雜和高深，他們仍舊是孩子，成人仍應保持警戒，隨時關心提醒他們。不要以一個多疑、不信任的方式由成人監控他們的上網行為，而是應努力傳達貼心和關懷的行為來教導孩子學會安全的上網。「我這樣規定是因為我愛你。」我都是這樣對我的女兒說的。天啊！結果我竟可以看見他們在思考。

電子科技安全策略：哪些是孩子可以做的

在這個章節裡，我已經談了很多專業人士和家長教導孩子安全使用電子科技時可以執行的策略，或許最重要的成人角色，是強化孩子成為能自己預防和終止網路霸凌的第一道防線能力。孩子和成人都需要共享保有一

些簡單而有用的介入措施。接下來的八個指引，對任何年齡的孩子都可以很容易理解，並活用在個人的生活中。

1. 向成人求助

處理網路霸凌的準則，與其他類型的霸凌並沒有太大的區別。相同的，孩子能向值得信賴的成人尋求協助，讓成人知道網路上正在發生的攻擊案例，這是至關重要的部分。成年人可以針對發生的網路霸凌情況做很多的事情，使情況變好，但他們如果不知道發生了什麼事，就什麼也不能做了。

2. 放手

孩子在遭受網路霸凌事件時的本能反應，很可能是反擊侵略者，使用同樣發布猥褻照片或散布謠言的報復手段。永遠別這麼做，負負不會得正。復仇行為會導致以下三種不良後果：

- 復仇加碼了攻擊行為，先開始的一方極可能會進一步升級攻擊行為的殘酷性。
- 復仇在成人眼裡一樣有罪。責罰不是基於誰先開始的，而是誰做對了正確的事情使攻擊行為結束。
- 復仇可能讓雙方的孩子都陷於岌岌可危的法律邊緣，因為網路霸凌事件可能演變成刑事犯罪。

這並不是說，受害方或網路霸凌旁觀者應該只是簡單地忽略攻擊行為，有很多強而有力的行動或策略可供孩子們採用（參見本書提供的策略），但復仇往往是最壞的一項選擇。

♥ 3. 註銷及封鎖騷擾者

成人花了很多的時間教導孩子交朋友的技巧，但是很少會鼓勵孩子，在某些情況下切斷有毒的友誼遠比努力修補維持來得重要。孩子防守網路霸凌的第一線就是暫時註銷該使用帳戶。不像面對面的互動時，孩子感到比較困難或尷尬馬上離去，但是孩子們有立即結束網路對話的權力。他們應該受到鼓勵，在意識到不友善的網路對話開始時，就可以封鎖騷擾者。如果孩子後來懷疑自己的直覺沒那麼正確時，他們可以再次主動聯繫對方解除封鎖，但在封鎖的期間，至少可以冷靜頭腦，讓理智占上風。在當下為了安全起見，最好是完全脫離和封鎖。

當重複的騷擾事件不斷從同一個人傳出，所有孩子就應該要完全脫離和封鎖該名侵略者。封鎖功能的運用是一個強大有主見的聲明，孩子可以用它來讓別人知道她／他不會讓自己被霸凌。

♥ 4. 使用隱私設定

在實際的生活，我們稱為人與人的界限，在網路上，我們稱之為隱私設置。應該教導孩子，強化使用隱私設置的能力。在現今的社會，孩子的自尊往往是由數字來衡量（例如，推特的追隨者、臉書的朋友、Instagram的追蹤者……），孩子可能不惜犧牲自己的隱私，而加了很多不認識的朋友，或是公開照片和影片給所有人觀看，但成人要不斷的提醒及強化他們，友誼不是周圍有多少朋友，而是周圍這些人用什麼方式對待他們。

♥ 5. 使用螢幕截圖

儘管網路霸凌的通報是可信的，被指責的霸凌者也可以否認。孩子們應該學會發生網路霸凌時使用螢幕截圖，包括攻擊性的電子郵件、文本、

臉書的貼文、推特貼文、照片、電話號碼等等。這種堅實的證據，在通報給成人時提出，可以使原本會進展很久的網路霸凌事件急剎車。

♥ 6. 採取行動來停止它

孩子們都應該知道，即使他們不是殘酷網路留言的發起者，但當他們轉貼、按讚，甚至只是看到卻沒有做什麼來阻止它時，他們就成了問題的一份子了。在金鑰 6 裡，我們將會廣泛的談論終結霸凌的旁觀者角色，這裡最需要注意的是，永遠不要轉發、分享，或被動地縱容網路霸凌活動。

♥ 7. 感同身受

當孩子準備透過電子科技發布任何訊息時，都應該牢記一件事：有一個人正坐在按鍵接收端的另一邊。很多時候，電子科技使孩子們對於傷害他人變得麻木不仁。這種去人格化的心態，解釋了為什麼孩子在網路上可以說的話，絕不會當著他們的面說出口的矛盾。終結網路霸凌的策略中，孩子們可以做的最基本的事是要他們記住，訊息是傳遞出去給一個人，而不僅僅是一個設備或機器。

♥ 8. 承擔個人責任

隨著網路世界感情的去人格化，孩子有時會忽略了在虛擬行動世界所做的事，仍然具有現實世界中要為後果負責的這個事實。在網路上犯錯時，成人應該鼓勵他們為自己不足的判斷力負責，並真實賠償他們透過電子科技傷害的任何人，承認錯誤和負起責任都是制止重複性網路霸凌強而有力的策略。

練習

● 預防網路霸凌行動計畫

　　您會為孩子設定什麼樣的電子科技使用和禮儀標準？比較您線上行為信賴規範與離線行為的標準，是否有差異？

　　為您工作和生活中的孩子建立預防網路霸凌行動計畫。計畫裡包括具體的指導方針、合約、隱私設置標準及責任協議，這些都要事先與孩子討論。幫助孩子可以在安全、有益且有尊嚴的方式下使用電子科技。

十個直接了當處理網路霸凌的實際可行策略

1. 鼓勵孩子盡可能與同儕多些面對面的互動。
2. 培養與孩子的正向連結，以促進開放式對話，討論有關高風險情況（如網路霸凌）。
3. 對孩子從事的不適當網上活動，採開放學習，並自信地與其他父母接觸，讓他們也知情，否則有關他們孩子的網上活動隱患就無法得知了。
4. 培育好的數位公民，直接與孩子們談論可被接受及不可被接受的社會媒體電子科技。
5. 利用簽訂合約書的方式開啟有關線上活動和網路霸凌的對話。
6. 教育孩子有關網路貼文、貼圖的永久性和複製性，以及留言板、討論區與聊天室裡幾乎無上限的觀眾量。
7. 不斷學習和掌握孩子們最新的網路縮寫隱語。
8. 學校霸凌政策指南須含括非常明確的網路霸凌處置標準。
9. 仔細考慮在學校和在家使用手機的規範。
10. 直接了當的處理和通報孩子不道德的網路行為。

培養社會和情緒
管理能力

　　最近在臉書上，一個提供學齡孩子們精神衛生服務的全國性組織，張貼了一個開放性的問題：當您看到了一個學生被人霸凌時，您會做什麼？

　　數百人在一小時內做出了回應，大多數的答案都集中在如何懲治攻擊者，而且有些留言所用的詞彙非常尖酸刻薄，惡劣的程度強到足以嚇到那些留言者強烈想要保護的孩子們。一位老師留言：「不要臉的惡霸！」另一個誇口說她有 22 年教育經驗的老師竟然也接著留言：「把惡霸學生趕出校園。」

　　哎呦！

　　現今社會，臉書是公眾輿論冷暖度測量的可靠溫度計，很顯然的，群眾對霸凌問題普遍的下意識反應是出奇的充滿敵意。這些敵意反應是可以理解的，因為那些在成長過程被咄咄逼人攻擊過的成人，常常感到一種強烈的衝動，強烈到想去除惡霸來保護目前這一代的孩子免於在青春成長過程期間遭受與自己一樣的虐待。同樣的，許多為孩子工作的成人，也認為只有在攻擊者接受懲罰時，才感到正義終於得到了伸張，認為懲罰攻擊者

是解決不當行為的最好方式。

　　然而，集中注意力在解決惡霸行為的反霸凌策略，並沒有設計培養提升被霸凌孩子的應對能力，這樣懲罰惡霸的策略，只是假設改變了惡霸，孩子的生活就會因為惡霸的不存在而變得更美好。事實上，在Davis和Nixon（2010）深具標竿的研究裡發現，成人針對霸凌者的懲罰行為，實際上是衍生出更多的侵略行為，使受害者的情境變得更糟罷了，而不是更美好。

　　霸凌預防計畫的重點，應該轉移到培養所有孩子的社會和情緒管理能力上，以期達到更好的結果。學業、社交與情緒學習協作單位（Collaborative for Academic, Social, and Emotional Learning, CASEL）（2011）的研究清楚地表明，有效的社會與情緒管理能力學習課程的推動，如正向積極的同儕關係、更高層次的人性關懷、同情心與同理心的培養，以及促進社會參與等，可以廣泛減少孩子的問題行為（如霸凌的發生）。更重要的是，接受社交和情緒管理技能學習課程的學生，在學術成就上也超越同儕許多，並對未來學術研究也有比較高的興趣。學校是以考試成績當作標準化的畢業條件依據，然而社交和情緒管理技能學習課程的介入，既可以減少孩子的問題行為，又能促進學業成就，確實是一個不能忽視的教育方法。

　　在本金鑰中，我們首先檢查孩子從社會與情緒管理能力學習課程中受益的部分，並聽孩子們說說，對防治霸凌有用的實際社交和情緒管理技能。我們將學校最常引用的任何霸凌預防方法的重要部分，分成五個領域內容深入探討。由於同儕團體在孩子的生活中是很重要的一個力量，我們會特別注意幫助孩子們建立和保持正向友誼的技能上。正如本書所提供的，您不會在這支金鑰裡發現太複雜、多步驟的實行策略，您將會看到的仍然是實際易於施行，可以強化孩子應對霸凌的策略。

誰將從社交和情緒管理技能學習課程中受益？

一個五歲的小女孩無法綁好她的鞋帶，她的母親一遍又一遍地示範了綁鞋帶的技巧和耐心等待，這孩子就這樣一遍又一遍地練習著。這個活動需要孩子大量的重複練習，以及母親耐心的指導、肯定與鼓勵。但是最後，瞧！小女孩學會了，從此熟練地掌握了這個技能。接下來的幾天，她雀躍地與別人分享她學到的技能，並幫助她最好的朋友也學會綁鞋帶。

在學校，一個八年級的男學生正與數學代數運算單元奮鬥。他弄不懂二元一次方程式的意義，所以感到非常沮喪與挫敗。他的老師坐在他的身邊，看了看題目並帶領他回顧求解這個方程式的公式，將題目分解成孩子比較能夠理解的一個個步驟來講解，這是多年來第一次，這個青少年感受到自己原來仍有運算數學的能力。

然而，一個孩子因為霸凌同學被當場捉住，所以處罰他回教室禁足。

這是如此清楚鮮明對比的處理方式，當孩子們缺乏基本的生活技能，或為某一個學術概念奮鬥時，成人會用教育的方式接近他們；但是當青少年表現出社交缺陷時，成人往往只是給予懲罰。要改變我們學校、社區和家庭裡恃強凌弱的霸凌文化，我們必須先改變我們的做法，發展培養社會與情緒管理能力的道路，超越懲罰性的框架，轉而教孩子們可用於動態社交互動和管理人際衝突系統的特殊技能。

是不是所有的孩子都需要學習這些技能？為什麼不區分出只指導那些會去霸凌他人的孩子們，或已知的易受傷害的族群呢？因為，如Carrie Goldman（2012）在《被霸凌》（*Bullied*）一書中指出，生活越來越需要管理社交動態互動的能力，所有的人及任何一個孩子都可以從學習社交和情緒管理技能中受益。事實上，人類在所有的年齡層，終其整個人生，每天都

仰賴他們的社交技能而生活。正規教育的目標唯有在發展具有生產力的公民，以及教導明確的社交技能時才顯得有意義。

此外，談到有效的預防霸凌辦法，我們不該只是狹隘地專注於少數幾個特選出來的行為偏差孩子，而是旨在讓學校和社區成為所有人都願意居住在那裡的健康地方。學業、社交與情緒學習協作單位的研究表明，社交和情緒管理技能學習課程能有效減少孩子的霸凌現象，因為它促進了使霸凌無法存在的技能、行為、態度和環境因素（CASEL, 2011）。

應該在什麼年齡層開始實施社交和情緒管理技能學習課程？

低年級是孩子社會與情緒管理能力發展的關鍵時間，在這個年齡層，家長、教師、輔導員和其他值得信任的成人，仍處於一個極具影響力的理想位置，可以塑造孩子的思想與情感，並教導孩子如何預防霸凌（Anthony & Lindert, 2010）。如果霸凌行為在中學時達到高峰期，按理說，不必要的攻擊行為應該在小學期間就已經萌芽。所以社交和情緒管理技能的學習課程，應當從最早的小學開始實施，來滿足終結霸凌的需要。

此外，根據社交思維的創始人 Michelle Carcia Winner（2013）的研究，中學生是最難教育的一個族群，因為他們相信成人沒有什麼東西可以教給他們。當孩子們還小時，他們仍然認為周遭的成人擁有具傳授價值的社會化資訊，所以我們必須抓住這個機會教育他們。

與此相關的一點，孩子在整個學年做一些社會與情緒管理能力學習課程的小組活動，可以使他們學業表現更好。然而除了顯著社交障礙的孩子們，可能需要由成人一對一的介入外，大多數學齡期的孩子，最好的學習社交技巧的設置是分組，因為分組提供了孩子獨特的機會，可以同時學習

新社交技能，當下即實際運用於他們的同儕，並獲得即時的回饋。孩子們提供像一面鏡子般的回饋，是不同於成人所提供的反思類型。更重要的是，真實和富有同理心的同儕回饋，加深了孩子對成人教他們的社會與情緒管理能力具真實世界價值的信心。

孩子需要什麼技能來應對霸凌？

身為專業人士和家長，我們相信、我們知道什麼是對孩子最好的。在研究人員 Stan Davis 和 Charisse Nixon 開創性的研究中，他們下定決心去發現上述的論點是否正確。所以透過青少年之聲的研究計畫（Youth Voice Research Project），Davis 和 Nixon（2010）採訪了全美國各地不同性別和種族，超過 12,000 名涵蓋小學、國中和高中的學生，詢問有關他們相信能應對霸凌所需要的策略和技巧，他們的研究目的是蒐集學校霸凌最有用的介入策略和知識。

這項研究的結果揭示了各層級社交和情緒管理技能學習課程介入的寶貴性，當孩子被問及「哪個策略可以讓事情的發展變得更好？」時，以下是最常列舉的策略：

1. 告訴家裡的成人。
2. 告訴學校的成人。
3. 當下講一個笑話。
4. 告訴朋友。
5. 打他們或反擊回去。

當孩子被問及「哪個策略可以讓事情的發展變得更糟糕？」時，以下是最常列舉的策略：

1. 打他們或反擊回去。

103

2. 擬定報復他們的計畫。

3. 告訴霸凌的人停下來。

4. 什麼也不做（忽略它）。

5. 告訴霸凌的人自己的感受。

　　有趣的是，「打他們或反擊回去」在兩個列表中都出現。這種當下身體攻擊性的反應，很可能是受害者在當下感到有權如此反擊，甚至可能使他們獲得同儕的注意，但就長期的代價來看，反擊的策略會使彼此的衝突升級，提高遭到報復的恐懼，並可能得到學校、家長，甚至是法律懲罰的後果。

　　將接受採訪的青少年答案進行分析發現，獲得他人教導越多關於的社會與情緒管理能力的孩子們，越能正向去處理應對霸凌，具有顯著的統計意義。與此相反的，旨在改變惡霸行為的策略，往往使事件的發展變得更糟糕。對於一起設計社交和情緒管理技能學習課程的專業人士和家長而言，從學生嘴裡說出利用這些課程所學到的技能，能幫助他們應對霸凌，這個發現是令人振奮和信服的。

預防霸凌的社交和情緒管理技能課程計畫的五個要素

　　正如在金鑰 1 所指出的，現在大部分的學校都有防治霸凌指導政策。雖然這些政策的存在有其重要性，但事實是，大多數專業人士、家長和孩子都可以證實政策是改變不了人的，人才能改變人。與社交互動奮鬥的孩子無法發展新的社交技能，因為政策告訴他們，他們應該放棄某些海報上規範的行為，做個好孩子，但那些喜歡主宰和控制別人的孩子卻不需要。然而，CASEL（2011）的研究證實，從事社交和情緒管理技能課程活動的學生，與他們的同儕相比，展現更高水準的親社會行為，表現出較低水準的行為問題和情緒困擾，具有朝向更有利學校學習的態度，實現更多的學

術成就。底線是：社交和情緒管理技能課程促進教育和社會發展正向環境，使霸凌不太可能發生。

由於霸凌在本質上是社交性的，所以一個很重要的霸凌預防計畫，是將重點放在增加孩子的社交和情緒管理技能上。兒童福祉委員會（Committee for Children）在 2013 年舉出霸凌預防計畫中最重要的五個社交和情緒管理技能學習課程方面的內容。在本節，我以務實、注重成人具體可行教導孩子的活動，來定義和描述每個部分。幸運的是，現今有很豐富的社交和情緒管理技能學習課程資源供專業人士和家長使用，讀者可以很容易地透過專業型錄、大眾市場書店，甚至是網路，取得經過特別設計、客製化且廣泛符合孩子們需求的社會與情緒管理能力學習課程。下面所提供的數個活動，都是該類型孩子立即適用的樣本，有眾多選擇方案，適用不同年齡和階段的孩子。讀者們應當注意，以下描述的活動僅僅提供一個與孩子們深入討論的框架，最有效的方案還是要針對個人或小團體的需要而設計。

💛 1. 情緒管理

所有孩子都有能力感受外在環境，有些孩子會被自己對外在的感受控制了情緒。這並非少見，事實上，孩子常常因憤怒、悲傷、恐懼、沮喪或緊張的感受，導致整個身體做出過於強大的情緒反應。我們都見過他人漲紅臉、滿臉淚水、晃動揮舞拳頭、大聲尖叫或攻擊等這些情緒反應行為。學習以建設性的方式管理強烈的情緒反應是孩子成長的過程。對某些人而言，它需要花很長的時間去學習，並且需要比其他人更多明確的指令才能學會。

社交和情緒管理技能學習課程規劃在這方面的重點，是要提高孩子的自我覺知能力，並早些教導他們辨識個人強烈情感感受的引爆點，避免這些感受所激發的情緒變得勢不可擋，一發不可收拾。霸凌和被霸凌的孩子

一樣都需要管理壓力和控制自我衝動情緒的技能。情緒管理技能學習課程還有助於孩子學習自我撫慰高張情緒的技能。在情緒管理技能方面，我們鼓勵孩子向成人尋求幫助，用正向且具建設性的方式溝通他們的感情，而不是對他人宣洩情緒。

孩子們可用的霸凌預防點子

● 列出「臭蟲清單」。包括所有會讓您感到沮喪、憤怒、悲傷、害怕或激怒您的事情，與老師、家長甚至是同班同學分享這個列出的「臭蟲清單」，討論您通常如何對臭蟲清單中的每個項目做出反應，這些反應是有益還是有害？與小組夥伴（同學、老師、兄弟姊妹或父母親）集思廣益討論，您可以使用更多具建設性的方法來應對這些惱怒您的事情。

● 您怎麼冷靜下來？大多數孩子可以很容易地列出使他們感到不安或惱怒的臭蟲清單，但很多孩子發現想要在緊張的感受後冷靜下來，卻極具挑戰性。您如何在與朋友爭執後放鬆下來？您如何在閱讀了臉書上對您的惡劣評論後，仍舊感到平靜？或發現您的朋友都受邀去了一個沒有邀請您的派對，而仍舊維持優雅？這是一個很自然的衝突反應，想反擊激怒和傷害您的人，但這並不是一個好主意，通常在憤怒下做出的反應，幾乎總是讓情況變得更差。為自己制定一個計畫，想想在緊張的事件發生過後，如何放鬆、徹底地冷靜下來才做出回應。與父母分享您的計畫，讓他／她來幫助您堅持下去，在每一次的衝突中，冷靜的頭腦總是占盡上風。

● 尋求協助。關於與朋友發生衝突最嚴重的部分，是您覺得您是獨自一人。在發生衝突的那一刻，您可能感覺就像沒有人可以傾訴，沒有人可以理解您正在經歷的感受一樣，您覺得孤單絕望。這樣的感受是真切的，您覺得發生在您身上的情況是獨一無二的，您甚至有可能覺得自己被傷得相當深，但事實上，您永遠不會孤單。確認身邊的重要他人是有幫助的，

當您在困難的時刻，或有麻煩的時候，您可以前去尋求身邊重要他人的協助。當您的頭腦運作讓您覺得被孤立的時候，您可以很快想到某個重要他人可以交談，而不至於使自己陷入鑽牛角尖的死胡同。重要他人可以是父母、鄰居、學校的輔導員，或有時是住得很遠，但確實是很有幫助的朋友。只要是可以不評判您，能客觀傾聽您的情況，支持您並且給予非強迫性具體建議的人，都可以成為您的重要他人。當您尋求協助，去傾訴您的經驗給重要他人時，很多時候您會發現，他們也都經歷過與您一樣類似的感受，並能真正理解您的情緒反應，給出具建設性的建議。

♡ 2. 同理心

同理心是指設身處地的去理解他人在特定情況感覺的能力。對孩子來說，同理心的培養，是預防霸凌的計畫中一項非常重要的策略。因為經常欺侮他人的孩子們，往往滿足於霸凌他人之後獲得的社會回饋（例如，權力慾、控制他人的感覺、贏得同儕的矚目，以及更高的社交地位等），但卻失去了感受他們攻擊的受害者的心情，對受害者所受的傷害完全無感。社交和情緒管理技能學習課程專注於同理心的發展，在霸凌的預防中扮演重要角色，因為它是以非常人性的方式去教導孩子們培養同理心，而不是用一個流行於街坊孩子們的將帥走卒階級分層的遊戲來訓練孩子。有效的同理心開發課程，能引導青少年永遠銘記尊重其他人的思考模式和感受。

孩子們可用的霸凌預防點子

一個特別具影響力，流行於網路上的，不具名的教育者所設立的建設同理心的網頁，簡單且立即傳遞適用於所有年齡層孩子的活動如下：

● 在紐約的一位老師，正在教導有關霸凌的課，她給孩子們進行一項活動。她發給每個孩子一張紙，告訴他們想盡辦法弄皺它，用手揉它、用腳踐踏它，就是不可以撕碎它。孩子們開心的揉著、踐踏著。接下來，老師

請他們展開這張紙，攤開它，看看它被揉搓和踐踏過的痕跡。然後，她告訴孩子們向紙張道歉。

老師指出，即使孩子們都說他們非常難過如此搓揉一張紙，並試圖修復它，這些摺痕依然存在。如同現實生活中的霸凌事件一樣，受傷害的學生因霸凌而產生的傷疤是永遠不會完全消失的，不管加害者如何努力修復。「事實就是這樣，」老師說：「當一個孩子欺負另一個孩子時，縱使真心說出抱歉的話，傷痕是永遠存在的。」

在課堂上所有孩子們的表情告訴她，她說中了要點。

雖然本次網路版活動到此為止，但是我們可以跟進，挑戰孩子們的腦力激盪，集思廣益列出有關他們可以採取支持一個人的行動，這些行動強調在霸凌事件後實際可行的善後事宜活動清單。霸凌事件之前、當中和霸凌發生之後，成年人及旁觀者同理心介入的具體例子，將在金鑰6中陳述。雖然霸凌傷害的傷口和疤痕仍舊存在，但孩子的善良同理行為與支持，確實具有療癒的力量。

以下是其他保證有效，且易於實施的培養同理心的練習，這些練習並可用來鼓勵孩子們學習單一事件多面向的觀點。

● 對於年齡較小的孩子，發展切合實際的角色扮演活動時，請孩子先寫下一個他／她希望扮演及必須扮演的角色，然後，在不預先告知孩子的情況下，切換孩子扮演相反於他希望扮演的角色，請孩子替他剛剛被分配的角色申辯。接著鼓勵孩子反映他／她希望扮演的角色，和切換後角色的感覺，以及整個活動過程是如何幫助他／她提升對每個角色有更好的了解。

● 對於年齡較大的孩子，學習思辯的技巧，不僅有利未來大學申請，也是教育孩子在現實生活中同一情況有不同角色觀點相當有用的方法。好的社交和情緒管理技能學習課程，通常是結合學科與社會技巧而設計出來

的。

最後，教導孩子學習有效傾聽技能的活動，是一個發展同理心的關鍵部分。只有透過學習如何傾聽其他人（孩子和成人）的聲音，才能正確了解另一個人對外在世界的觀點。

● **聽到與傾聽**：聽到與傾聽有什麼區別呢？聽覺是基本的五種感官之一，但實際上傾聽並不是自然而然就能發展出來的。開始進行這個活動時，請孩子們討論談話行為過程間被動的聽與傾聽的區別。可以提出以下問題：

◆ 聽和傾聽之間的差別是什麼？

◆ 談話過程中，在行為方面您如何表現是真正在傾聽對方的言論？

◆ 您如何覺知談話過程中，對方只是聽到您在說話，而不是真的傾聽您在說什麼？

◆ 您能分享一些發生上述對方只是聽，而不是傾聽情況的例子嗎？當下您會做什麼？繼續聊？或是停止說話？您會告訴對方他們的行為給您的感受嗎？為什麼會／不會？

◆ 當您還在說話時，對方馬上跳進來分享他的觀點，您覺得您已經被真正傾聽了嗎？為什麼是／不是？

讓孩子們有充足時間去探索聽和傾聽之間的差異，然後用以下的活動進行討論：

● 讓孩子們兩人一組討論。分配角色 A 和角色 B。

● 告訴所有角色 B 的人，安靜完整的用一分鐘傾聽角色 A 所訴說的一個故事。（故事可以是一個虛構的故事或現實生活事件，重點是角色 A 要整整講一分鐘。）

● 在第一輪，角色 B 要使用不佳的傾聽行為回應夥伴角色 A。成人可以提供具體的不佳傾聽行為的建議（例如，眼神飄忽不定、停格，或使用手

機），或挑戰角色 B，讓他／她自己塑造一些不佳的傾聽行為。

● 一分鐘結束後，角色 A 和角色 B 的學生都一起討論有關剛剛談話的感受。
  例如：

  ◆ 如果您談話的對象像角色 B 那樣，您有什麼感受？

  ◆ 您怎麼知道角色 B 並沒有在聽您說話？

  ◆ 在一分鐘未到時，您是不是就想停止說話了？

  ◆ 您覺得像角色 B 的人關心您嗎？

  ◆ 您覺得角色 B 是怎樣的人？

  ◆ 像角色 B 這樣漫不經心的人對角色 A 而言，是什麼感受？

● 接下來再進行一次。這一次，換角色 B 說一個故事，而角色 A 使用良好
  的傾聽行為（例如，良好的目光接觸、點頭和身體往前傾）。

● 接著討論有關良好的傾聽行為對每個人造成的感受。

  ◆ 如果您談話的對象像角色 A 那樣，您有什麼感受？

  ◆ 良好的傾聽行為是什麼？

  ◆ 良好的傾聽行為讓您有什麼感覺？

  ◆ 您覺得角色 A 是怎樣的一個人？

  ◆ 像角色 A 這樣細心的人對角色 B 而言，是什麼樣的感受？

  ◆ 良好的傾聽是否幫助角色 A 更理解角色 B？

● 總結此項活動有關正向影響的討論結果，有效的傾聽與強調良好主動的
  傾聽過程間，確實有正向的關係。使用一些讓說話者感到被傾聽的技巧
  與同理的技能，能讓說話的人感到被理解。

♥ 3. 解決問題和衝突

　　培養無霸凌文化不應與建構無衝突環境相混淆。衝突是人類自然互動
組成的一部分，當有衝突和意見分歧產生時，是幫助人類思考彼此之間所
有相關觀點的最好時刻。預防霸凌的關鍵策略之一──社交和情緒管理技

能學習課程計畫，是教導孩子們解決衝突與問題的技能，以及幫助他們用尊重彼此的方式，獨立管理生活中不可避免的衝突事件。研究人員發現，問題解決策略比攻擊性、報復或情緒性反應，能更有效降低衝突高達 13 倍（Wilton, Craig, & Pepler, 2000）。

孩子們可用的預防霸凌點子

● **尋找雙贏解決方案**：一般的情況下，根據贏家通吃法則，衝突局勢解決後，其中一個孩子滿足於得到他所有的需求，而另一個孩子卻失去全部，這樣的結果實在是製造更多的問題。不甘心的感受，通常在短期內會產生新的矛盾和衝突。所以我們應該給孩子們練習發展雙贏解決方案的機會，該方案著重榮譽和公平履行雙方的利益、願望，以及所有各方面衝突的需求。學習如何妥協也是一種生活技能，幫助孩子們在社交上保持平衡，因為他們必須學習發展雙贏解決方案，才能安全度過成長過程中社交動態活動波濤洶湧的水域。

● **SODAS 分析法**：我在《友誼和其他武器》（*Friendship and Other Weapons*）這本書裡（Whitson, 2011a），為孩子們勾勒出一個容易記憶的問題解決方法——SODAS。這個方法引導孩子們有系統地定義問題的情境（Situation）；腦力激盪所有可能解決這個問題的方案選項（Options）；判斷每個方案的缺點和優點（Disadvantages/Advantages）；選擇對於該問題的最終解決方案（Solution）。SODAS 分析法是容易的，它公式化的方法讓孩子覺得有能力獨立解決問題，引導孩子根據自身的優勢和缺點選擇可能是最好的問題解決方案。

● **將問題轉化成解決方案**：寫一封信給霸凌您的人。在這封信中，不用描述對方如何傷害了您，而是寫下他的霸凌行動如何激發您的上進心。例如，如果以前的一個朋友用停止跟您說話的方式霸凌您，寫下他的行為如何激勵您去探索新的活動、加入不同的球隊，以及積極在新的場合尋

找新友誼。或者，如果有人用話語威脅您或身體上攻擊您，寫下現在您
已經學會了保護自己的方法，並同時寫下會勇於站出來為別人著想的字
句。一旦您寫好了這封信，把它放在一個非常特殊的地方，這封信不是
真的要寄出去，因為這封信與霸凌您的人一點關係也沒有。寫這封信完
全是為了您自己，一封對您自己實力、韌性、無可阻擋的精神，以及把
任何問題情境機遇轉化為前進動力的感謝信。

♡ 4. 自信

自信是一種人我溝通時的風格，指一個人用非謾罵且尊重的口語方式
表達他／她自己的想法和感受（Long, Long, & Whitson, 2009）；相對而言，
攻擊則是霸凌的特徵，它的目的是要傷害或貶低他人，對彼此的關係是具
破壞性的。自信的行為能建立誠實和彼此尊重的積極關係，當孩子們學習
和實踐自信的社交技巧時，他們就能更好、更清楚地與他人溝通，獨立協
商與同儕之間發生的衝突，排解同儕互動時產生的壓力，滿足自己的需求
並有效連結同儕和成人。

●孩子們可用的霸凌預防點子

▣ 被動、侵略和自信風格

在預防霸凌的背景下，自信的溝通方式是面對人際關係攻擊時，採取
報復行為或缺乏能力只能被動回應間，一種中間人際互動風格。許多喜歡
去霸凌他人的孩子，當他發現選定的受害者無法直接回應時，他就越是喜
歡去捉弄霸凌這個個案。使用下面的例子，挑戰孩子的腦力，想想有哪些
反應將是最有效應對霸凌孩子的方式：

艾比：你從哪兒弄來的衣服啊，百貨公司出清架上的嗎？
回應 1：我媽叫我穿上的。我喜歡你的衣服，你總是看起來很棒。

回應 2：我從你的衣櫃裡拿出來穿的，賤人。

回應 3：你別再說了，艾比。

討論：

● **回應 1**：被動。第一個回應滋養了霸凌者他／她正想要的社交主控權力，透過這樣一個放低身段明顯恭維艾比的回應，便把自己置於一個永被攻擊的目標，因為這樣的回應，等於告訴艾比：「再挑剔我吧，再傷害我更多一些吧。不管你說什麼都可以，因為我是如此迫切的希望你會喜歡我。」

● **回應 2**：侵略。第二個回應直接挑戰艾比的挑釁，鮮明羞辱的回應，升級了彼此的敵對關係，加溫衝突，無疑是為下一輪更強的霸凌發出邀請函。

● **回應 3**：自信。第三個回應是自信的，它讓艾比知道被攻擊的個案不打算成為受害者，且不尋求對方的道歉，也不發出任何挑釁，只是簡單、冷靜且不帶任何情緒的制止對方。

為什麼需要教導孩子們使用冷靜不帶任何情緒的反應呢？因為會去霸凌他人的孩子往往是個優秀的小小心理學家，他們搜尋他人微妙的心理線索，專挑情緒上易受影響的潛在目標個案。這種情緒易波動的漏洞，發送訊號給攻擊者，讓攻擊者能夠很容易地操弄。所以，教導孩子在各種情況的社交活動自信回應的技巧，而不是憤怒或恐懼的情緒反應，就能使霸凌他人的孩子想要發揮控制社交權力的可能性變小。

■ 有效巧妙的反駁

當我還是一個孩子，甚至直到今天，我面對衝突的最佳反駁詞句，總是在情況發生後十分鐘才想到。雖然這很困擾我，但每次我與朋友分享我的困境時，他們總是說「有反駁總比沒有好」，不幸的是這樣的話絕對不

適用於霸凌反駁的情境。所以成人平時就應該教孩子有效反駁霸凌情境的短語，當實際發生時，孩子就能運用這些非常有幫助的終結霸凌回應。

心理學家 Liz Laugeson（2013）表示，孩子們回應嘲笑的方式，同時決定了未來他們是否再次被戲弄的頻率和嚴重度。她解釋說，受害個案使用一般的社交所能接受的自然行為反應，在霸凌嘲弄的情境下，對霸凌者而言是沒有影響的。基於這個原因，我們應該教導孩子，給予戲弄者或霸凌者如下所舉簡潔、不感興趣、平淡且自信的回應詞句：

- 隨便。
- 當你找到有趣的部分再來跟我說話。
- 你有事嗎？
- 你的重點在哪裡？

成人協助者可以單獨與孩子或團體合作，一起腦力激盪除了以上列舉的那些口頭回擊詞句外，列出能有效清空霸凌者的嘲弄樂趣，並減少未來繼續成為取笑對象可能性的反駁詞句。清單編列完後，可以使用角色扮演的遊戲，允許孩子有機會假裝冷漠及大聲練習這些滿不在乎、各種不同說法的短語，並觀察別人的反應。孩子們越有機會透過大聲練習這些反擊短語，他們就越能在霸凌事件戲弄過程中準備好當場可以使用的詞句。在接下來的部分，我們來談談如何配合自信的身體語言做更有效的反駁。

■ 不含糊的信號

自信訓練的一個重要組成部分，是教孩子使用身體語言來增強他們說出的話。使用角色扮演，教孩子們以下這些簡單、非言語的策略，向嘲弄他的人展現詞句裡的堅強意志：

- **使用平靜且同一語調的說話語氣。**喊叫咒罵，或者聲音顫抖都否定了自信短語的力量。

- **保持適當的說話距離。**處於聽力範圍之內的距離，不要太靠近霸凌者的臉或退縮到霸凌者的背後。
- **涉及到霸凌時，使用對方的名字。**這是一種自信的技術，讓霸凌者知道他／她和您是對等的。
- **看著對方的眼睛。**保持目光接觸是感情上誠實和直接溝通的訊號。

♥ 5. 建構友誼

對於學齡兒童而言，友誼讓他們建構強而有力的歸屬感。社交和情緒管理技能學習課程的規劃中，尤其是在霸凌預防這方面，重要的組成部分，是幫助兒童發展結交朋友的能力，並培養選擇積極正向友誼關係的技能。我們將探討這些相關但又不完全相同的技能。

● 結交朋友

對於大多數孩子來說，結交朋友的能力就像呼吸一樣自然，但對於少數人而言，與同儕互動卻是非常困難的。正如金鑰 1 所舉的例子，自閉症光譜家族的孩子們，常常特別難以融入社交團體活動，使他們被孤立，容易受霸凌。我們都知道慢性的同儕排擠，剝奪了孩子成功地與同儕互動的時間，因此喪失發展健康社交技能的重要機會，也因而導致缺乏社會支持。於是，被霸凌的孩子發現自己是在被拒絕、社交排擠和隔離的惡性循環中痛苦生活著。

社交和情緒管理技能學習課程設計可以有效教導在社交上有困難的年幼孩子採取親社會行為。同時，請留意，良好的社交和情緒管理技能學習課程不僅是為被霸凌的孩子設計的而已，也不是要去教導孩子「表現正常」，使他們不會遭受霸凌的課程。而是全面的，有效的廣泛幫助所有的學生培養面對各種社交動態情境的社交和情緒管理技能的課程。

選擇積極正向的友誼

有時，一個孩子變成無情霸凌的特定目標與社交技能是否缺乏並無絕對的關係。在 Rachel Simmons（2011）的《奇女孩外出》（*Odd Girl Out*）一書中指出，霸凌的發生經常是在某個特定的情境下，更多的時候是與一個特定的團體社交互動有關，而不是個人特有的被霸凌特徵所引起。例如，孩子可能發現自己不斷在自己的班級裡被同學排擠霸凌，卻被他／她的籃球隊友們重視和珍惜，反之亦然。

■ 協助孩子打開寬闊的友誼之網

學校裡學生彼此競爭親密的友誼關係非常常見，社交階層等級的競爭可能是其中最激烈的，甚至許多不同類型的孩子選擇用霸凌同儕的方式作為一種提升社交階層等級的工具。在這種得到友誼或等著失去友誼的學校文化環境下，成人可以提供孩子一個很簡單，但卻又很強大的策略——跨出校門，在校外形成積極正向的同儕關係。專業人員和家長可以鼓勵孩子打開廣泛的友誼之網，協助孩子尋找校外藝術、興趣或運動的團體、社團，或青年小組的友誼。成人協助孩子有機會在多個同儕團體和各種友誼團體曝光，可以培養孩子以積極正向的態度和同儕產生連結，成人在協助孩子打開寬闊的友誼之網的路上，確實扮演了關鍵作用的角色。

練習

● 您的孩子需要什麼技能？

掙扎於社交的孩子們需要成人具體的協助他們接觸同儕，建立友誼的技能指導。想想您知道可能有交朋友困難的孩子，列表寫下這個孩子的長處：

● 他/她是否對某個特定領域感興趣,比如動物、科學或藝術?
● 他/她是否特別享受某個活動,如盪鞦韆、游泳或聽音樂?

　　這個孩子在與其他人建立連結時的特殊挑戰是什麼?

　　基於您對這個孩子獨特優勢的考量,採用什麼樣的社交技巧,將能使他/她受益?找出這孩子的前兩三個需求,然後將有關的社交技能融入教室課程或與其他孩子日常交流的機會中。

　　接下來想一想您知道的某個社交活躍、表現出傾向於主導同儕社交互動的孩子。這個孩子可能會選擇以霸凌的手法來滿足他的同儕互動權力和控制慾。建構這個孩子渴望控制同儕互動的權力慾轉而成為領導力。您會利用什麼社交技巧來教這個孩子,引導他的同情同理心,使他能夠運用他的長處,積極參與班級課程或社交活動的領導工作呢?

■ 值得交的朋友

　　當協助孩子尋找積極正向的友誼時,成人也提供了孩子們積極正向友誼的感覺應為如何的終身技能。往往孩子越年輕越是直觀的選擇友誼,他們決定交朋友的基礎建立在是否喜歡同樣的遊戲或玩具,對方是否善待他們。隨著孩子的年齡增長,社交動態變得複雜,尋求友誼的動機也跟著改變。小學高年級和國中學生選擇友誼的基礎,單單只憑社交階層等級地位來決定的現象並非罕見。

　　小學高年級和國中學生選擇友誼的邏輯是這樣的:「她很受歡迎,所以如果我能做她的朋友,我也會受歡迎。」

　　或推論:「我不認為她酷,我也還算喜歡她,可是如果我花時間陪她或跟她在一起,其他人會認為我是一個白痴,或跟她一樣無趣,所以我不

打算再跟她說話了。」

更甚的是，小學高年級和國中學生面對需要容忍有毒友誼時的思考邏輯，聽起來就像這樣：「她真的對我很壞。她常常羞辱我，總是在我們的朋友面前開我玩笑，但如果我不跟她們一起出去玩，我就沒有其他朋友了，所以我只好忍受她對待我的方式。」

對十幾歲的青少年而言，這是一個可悲的事實，孩子們失去了他們童年贏得第一個真正友誼的本能。對於許多孩子而言，需要很多年的時間才能重拾自信，根據對方的人格或興趣特質來作為選擇朋友的依據，而不是對方的社交階層等級地位。成人可以在孩子選擇友誼上發揮關鍵影響作用，限制孩子選擇對他們有毒的友誼。

社交和情緒管理技能學習課程擁有促進孩子們感到被接受，和被同儕擁抱的一切。在經歷這些課程後，孩子們學習到真正被喜歡的友誼感覺。專業人員和家長可以透過參與孩子的對話，促進這一富有洞察力的過程，尋找一個真正值得交的朋友。

孩子們可用的霸凌預防點子

可以在家裡吃飯的時候，或在接孩子放學時的汽車內（總之，就是一個可以跟孩子輕鬆談話的一個時機），玩一個完成句子的遊戲，例如：「我知道有人是我的朋友，因為……」，我們希望，孩子會接一句我們喜歡聽到的句子：

- 她對我很好。
- 她跟我輪流玩遊戲。
- 她與我分享。
- 她告訴我她真實的感受。
- 她總是聽我把話說完。

- 她與我一起開懷大笑。
- 她幫助我。
- 她確定我有被邀請一起聚餐。
- 她不會限制我交其他的朋友。
- 她永遠在我需要她的時候出現。
- 她總是在乎我說的話或我的感受。
- 她總是鼓勵支持我。
- 她會替我打抱不平。
- 她很有趣。
- 她跟我有很多相似的地方。

　　上述列表的項目，會因為年齡不同而有些變化，但是健康的友誼不論在哪個年齡層看起來應該都與上述內容約略一致。當成人抽空給孩子特定的指令去選擇有品質的友誼時，除了讓孩子們享受到強大的情感支持外，更遠離那些有毒有害的同儕關係。

練習

🔵 當孩子依附於一個亦敵亦友的人時，您該怎麼辦？

　　在養育孩子的最初幾年裡，父母花很多時間安排規劃可以和孩子一起玩的夥伴和籌畫派對。專業人員將孩子們配對在一起合作，並監控孩子的合作關係。成人（有些人稱這樣的成人為「巡視官」）是孩子們社會發展的小監工，然後有一天，孩子卻頑強的要維持一段您認為有毒的友誼，這時候該怎麼辦呢？

　　當不可避免的這一天來臨時，曾經自信、快樂的孩子，現在焦慮和痴迷地想討好一個相處起來並不怎麼愉快的朋友；或是一個從孩子最好的朋友，演變成亦敵亦友的人，您該怎麼辦？您應該做些什麼嗎？

在您繼續之前，花一些時間來想一想您該如何正確的介入孩子的友誼，以及什麼時候您可以做些什麼，或者說些什麼，來幫助他／她度過社交的動態變化。

♥ 結束有毒友誼

　　專業人員和家長不必花太多時間，為了教導孩子廣交朋友的社交技能，而去找社交和情緒管理技能學習課程，書店和線上網站提供了許多唾手可得的想法及點子，讓成人可以用有趣的方式來教孩子親社會的行為。而且許多策略，只要成人堅持持續執行，都非常有效。反而比較困難的是找到幫助孩子結束有毒友誼的策略和方法。讓孩子領悟一個朋友已經從好朋友變成亦敵亦友就夠難了，更不用提要在不讓孩子崩潰的情況下，脫離一段有毒的友誼，是有多困難。這裡有個現實生活中，發生了一個高中生向學校輔導員傾訴她的友誼困擾，而輔導員卻反過來，給了她一個如何尊嚴結束這一段有毒友誼的建議例子：

　　學　生：我邀請妮琪參加我的畢業派對。從她一到現場，她就開始拿大家開玩笑。她告訴我說我邀請的其中一個女孩是個魯蛇（失敗者），而且我最好小心不要常常跟她在一起，不然其他人也會開始認為我是一個失敗者。她說，我的畢業禮服真的是「醜斃了」。我向她解釋，那是我媽媽親手做的，其實我也並不怎麼喜歡它，但我覺得是媽媽親手做的，所以我不得不穿上它。她竟然開始到處去告訴大家，我窮到買不起畢業禮服。她喜歡對我發號施令，以前當我不照她所說的話去做時，她就會發簡訊給我們共同的朋友，說我辦的派對遜斃了。

　　　　　我忍她很久了，這次我告訴她，她這樣的表現一點也不酷，我希望她馬上停止或離開。她只是笑笑地說：「唉呦，妳今

天怎麼這麼敏感。是不能開開玩笑喔？」當我週一在學校看
到她時，她表現得好像什麼事也沒發生過一樣，而且這已經
不是第一次發生這樣的事情了。妮琪幾乎所有的時間都這樣
對待我，我不知道該怎麼做，但我不希望跟這樣的人繼續做
朋友了。

輔導員：被他人鄙視的感覺很不好。我們對友誼投入這麼多的努力，
並感覺彼此所屬的美好，有時接受某個朋友不再讓我們有好
感真的很難。比起妮琪妳成熟多了，妳向妮琪承認不喜歡她
不尊重妳的方式，這需要很大的勇氣，再者，妳來和我談這
件事，也需要很大的勇氣，我為妳感到驕傲。

學　生：謝謝您。我還以為您會告訴我趕快回去上課，並自己想辦法
處理。我那樣想真的很笨。

輔導員：感受是真實的。妳並不是笨，而且妳也不需要自己去處理這
些情緒。什麼才是笨呢？就是試圖忽略這些情緒與感受，或
認為它們並不重要。要記住，重要的是，妳總是被在乎妳感
受的人環繞著，無論是我、其他學校裡的工作人員、妳的父
母親，甚至是……是……妳的朋友們。您曾經試圖告訴妮琪
她在參加妳的派對時對待妳的方式，妳的真實感覺，她卻告
訴妳，是妳過於敏感。但換一句話說，她根本沒拿妳的感受
當一回事。妳想從朋友那兒得到更多是沒有關係的，更何況
妳只是要求一個尊重。遠離不尊重妳的朋友才是一件健康的
事。

學　生：我已經完全不跟她說話了！

輔導員：我要妳記住的是，妳這樣離開妮琪，與她保持距離是重要的，
以後妳遇見的每個這類型的人，都應該有尊嚴的與他們保持
距離。另外，不要陷入她那些醜陋話，以及只有一半的道歉
說詞（「只是開開玩笑」）的戰爭，那樣做只是拉低妳的水

準跟她一樣而已。此外，忍住在網路上透過文字或以任何方式向其他朋友說一些有關她不好的話的衝動。其實，不要把太多的時間和精力花在她身上，轉移妳的重心到讓妳生命感覺良好的友誼和活動，想一想有哪些事、哪些人、哪些活動，能讓妳呈現真實的妳，以及成就最好的自我，用這樣的方式來計畫每一天的活動。有可能脫離妮琪的友誼關係不是那麼順利，但如果妳持續優雅的結束這段友誼，妳會發現自己從妮琪的友誼中釋放後，擁有更多更好的友誼和生命品質。

輔導員專心傾聽，嚴肅看待學生的反應，依據學生的成熟度肯定應被恭敬對待的權利，並給了她實用的建議，首先有尊嚴的從這段友誼中走出來，結束這段朋友關係。一般像學生這樣尋求成人協助的情況下，多半是他們已經看出一些事情發展的端倪，他們已經知道需要做些什麼改變，但不能確定該如何去做，或缺乏用自己的直覺前進的信心，所以成人判斷孩子們的感受是個關鍵。在這個例子裡，輔導員做了正確的判斷，並給了學生優雅地從有毒的友誼中離開的指導建議。

♥ 保持平靜：不要說你的朋友或似是而非的朋友的壞話

最後關於友誼非常重要的主題，是制止孩子們詆毀「已從名單去除」的朋友，就像輔導員處理該名女學生與妮琪的情況一樣的建議。孩子們的友誼是不斷重新調整的，當孩子因為短暫的衝突說了一些負面的東西時，可能會造成一些長期損傷。同樣的，如果成人也跟著講一些負面的話，未來孩子們和好了，成人可能會發現自己被孩子屏除於圈外，不再得到孩子的信任。最重要的是，成人需要保持在一個可以讓每一個孩子都能向他談論他們感受的位置。

應該要給孩子多少專用的社交和情緒管理技能學習課程時間？

考試壓力及著重高測驗分數的學校文化主導下，以及各個家庭對孩子日常生活中永無止境的待完成任務清單要求列表，到底應該要給孩子多少專用的社會與情緒管理能力學習課程時間，雖然是一個重要的問題，但答案卻不太清楚。然而，如同只讀一本書中的一個段落，是無法理解作者所要傳達知識的努力、耐心與力度一樣，想要教授一個孩子任何新的技能都需要時間。就像我們不會期望年輕學習者，一天就能掌握草書書寫的技巧，或記住數學運算公式的事實一樣，事實是甚至花了整個學年的時間，有些學生對於某些運算公式仍然還是學不會，我們又如何期待對於這些抽象且複雜的社交技能和情緒管理技能，讓孩子在一個一次的小組聚會，或一小時的簡短全校性演講中，就能掌握呢？

學習如何掌握人際交往是一個終身的課題，值得用一段足夠長的時間去教導孩子們。好消息是社交和情緒管理技能學習課程，不必單獨採用其他已規定的學科學分以外的特別時間來教導孩子；相反的，正如我們已經指出的，良好的社交和情緒管理技能學習課程，可以很容易的融入到正規的學科課程活動裡。既不是急於將社交和情緒管理技能學習課程編入正規學分，也不是放棄它，協助孩子成長的成人要具備智慧和耐心，專注扶持孩子在與同伴交往的路上學習新的技能，並在他們與同儕互動犯錯時原諒孩子。

本主題的終曲

儘管在義務教育的巨大壓力下，並沒有研究證據證明教導學生在標準

化考試中表現良好，將使孩子在未來成年期時有更好的整體表現結果。反倒是有充分的證據顯示，具有較佳社交和情緒管理技能的孩子，不管是在多年的學校生活，或離開學校之後的成年社會，都具有相對積極良好的表現（Winner, 2013）。將社交和情緒管理技能學習課程編入高中的標準學校課程裡，直到孩子畢業，是一個有效強化孩子人生成就的可行方法，因為這段期間他們除了需要應對霸凌的技能外，其他各種人際交往社交和情緒管理技能也正蓬勃發展著。

*　　*　　*

🕊 兒童和青少年的社交和情緒管理技能學習課程資源

透過書籍是我與孩子建立連結最喜歡的方式。成人與孩子的對話，通常很快就變質成單向的說教，編織成故事的教案則具有很大的潛力，能吸引兒童或青少年一起討論，達到持久教化的目的。以下所列書籍，大致是依照最年幼的讀者到年紀大的讀者之順序來排列，僅僅列出我最喜歡的幾個（請在本書最後可用資源部分參閱更多的書籍）。

對於剛入小學學齡的孩子們，讓他們能夠朗讀書籍給同班同學或小團體聽，是一個非常美好的禮物。甚至在稍稍長大的小學高年級時，雖只是朗讀一段章節給他人聽，都令孩子們感到開心。對於國中和高中的孩子，專業人士可以做一份閱讀清單，啟動每本圖書一對一或小組討論的作業。家長可以與孩子共享資源，重新陪著他們的兒子和女兒讀書，並以無威脅的對話來開啟親子討論，一同經歷孩子閱讀書籍時的思想、感受及情緒，並對孩子因書本內容而引申的情緒反應，給予寬容的回應。無論是選擇使用我所列舉的哪本書籍，閱讀的關鍵是要保持愉快的交談。運用閱讀書籍達到親子互動溝通的好處（除了閱讀好故事的樂趣外），是杜撰的小說對現實較少威脅。另外必須注意，別讓孩子們感覺被迫深入個人的經驗，來

討論故事裡有關霸凌的概念就可以了。

《叢林惡霸》（*Jungle Bullies*, Steven Kroll）

《叢林惡霸》是一本圖畫書，藉由兒童喜愛具吸引力的叢林動物角色插圖，使用押韻的詩歌寫作方式，為學齡前兒童重複講述分享關於人生道路上跌倒後如何學習站起來的重要訊息。這是一本適合選擇為年幼讀者介紹友誼和霸凌概念很棒的圖畫書。

《邪不勝正》（*Bullies Never Win*, Margery Cuyler）

這是一本容易閱讀的兒童讀物，講述惡霸布蘭達・貝利持續無情的嘲弄和取笑她的同學潔西卡的故事。Cuyler 準確塑造像潔西卡這樣被霸凌的目標特質，以及她如何因被霸凌而改變，其中包括經歷焦慮、失眠、停止運動、改變她的裙子風格，以及害怕尋求協助等。Cuyler 同時使用潔西卡這個角色向年輕的讀者陳述，處理霸凌最好的方法就是用自信的方式勇敢面對。

《霸凌阻斷劑俱樂部》（*The Bully Blockers Club*, Teresa Bateman）

《霸凌阻斷劑俱樂部》是一本描述如何去駕馭群體的力量，進而勇敢面對和終結（哦，應該是「阻斷」）霸凌的書。幼兒園和小學低年級的讀者很喜歡這個可愛的故事，灰熊格蘭特無情的戲弄浣熊洛蒂，浣熊洛蒂盡她個人最大的努力承受這些嘲弄，不理灰熊格蘭特並走開。但是，後來當洛蒂遇見了那些也被灰熊格蘭特欺負的別的動物時，他們發現團結力量大，於是組成霸凌阻斷劑俱樂部，旨在阻止灰熊格蘭特的嘲弄行徑，最後真的成功了。

《下課女王》（*The Recess Queen*, Alexis O'Neill）

我愛這一本善用古歷史權力型態寫成的書，當我看到書店架子上這本

書的名字時，我很快就知道這一定是一本關於侵害人際關係的故事書。下課女王珍，她不是用切斷友誼來作為她霸凌他人的首選武器，相反的，她明顯用對其他孩子的人身攻擊、推擠、叫罵來主宰所有的下課操場活動。其中讓這個不典型童話更加吸引人的地方是，下課女王最後是由和最不像的同儕融化心防解除武裝的。《下課女王》是一本非常適合給孩子閱讀關於善良的友誼力量如何轉化人際關係的良好故事書。

●《惡霸的告解》（Confessions of a Former Bully, Trudy Ludwig）

由於我們是在告解的主題上，所以首先是我的告解：Trudy Ludwig 是我最喜歡的兒童讀物作家。她傳遞的訊息是如此的真實，孩子們讀起來，不禁將自己融入她故事中的人物。《惡霸的告解》是用日記的風格寫成的，描述一個名叫凱蒂的年輕姑娘，從欺負他人的惡霸漸漸轉變善良仁慈的歷程。這是一本視覺享受的書，書中充滿引人入勝的插圖以及搶眼的文字框，來強調有意義的信息、令人難忘的事實，以及孩子在遭遇惡霸時可以使用的有益短語。

●《我的秘密惡霸》（My Secret Bully, Trudy Ludwig）

《我的秘密惡霸》是為十幾歲的讀者而寫的，描述隱藏在關係攻擊行為蓋子底下的霸凌故事，本書亦可稱為是女孩間霸凌的寫實描述。它講述兩個自幼兒園以來就是朋友的女孩——莫妮卡和凱蒂的故事，她們在 12 歲時正面臨著她們關係的裂痕，凱蒂開始排擠莫妮卡，並在其他同學或以前的朋友面前使莫妮卡難堪。處理有些女生慣用將友誼關係當武器的傷人話題，Ludwig 提供一個寫實，不經常被提及的學齡女童面對似敵非友的痛苦關係侵略的故事。雖然《我的秘密惡霸》內容不是一個輕鬆愉快的霸凌故事讀本，也不提供成人給孩子拍拍背似的答案，但它確實能解決國小高年級和國中女孩在現實生活中人際互動的重要問題，並可以充當父母與孩子啟動討論霸凌話題的絕佳跳板。

● 《一》（*One*, Kathryn Otoshi）

您知道有這麼一本書，您會一直保留著它，直到您的孩子都長大？從圖書館借來看還不夠，您必須親自擁有它，您一定會把它當作送給任何朋友或媽媽們的頂級禮品首選。對我來說，就是這一本書《一》。《一》這本書神奇的部分是它用最簡單的術語和插圖傳達有意義的訊息。這本得獎無數的書，是我讀過以孩子自身力量為敘事主體，寫得最好的一本，講述一個孩子有能力用自己的方式站出來改變霸凌，並維持自己尊嚴的讀本。

● 《為自己和朋友站出來：尋找一個對付霸凌和專橫無理更好的辦法》（*Stand Up for Yourself and Your Friends: Dealing With Bullies and Bossiness, and Finding a Better Way*, Patti Kelley Criswell）

這本書是由美國女孩集合起來為十幾歲的國中生所寫的可用資源的一部分。它不是故事集，而是一個易於閱讀的收集冊，內容有關女生如何有效應付霸凌和專橫無理情境的策略及技巧建議。運用趣味測驗和真實孩子的建議，使這本書讀起來感覺像一本青少女雜誌，但可以永垂不朽。

● 《猜想》（*Wonder*, R. J. Palacio）

主角普爾曼出生的時候臉部嚴重畸形，使他在生命的頭幾年無法參加正規的學校教育。當他準備回學校開始接受小學五年級的正規教育時，他希望能像其他孩子一樣被對待，但是首先要通過學校學生對他外表的觀感（多半是厭惡的）的考驗。雖然《猜想》這本書是用幽默且輕描淡寫的寫作方式來陳述這個沉重的話題，但卻能讓十來歲的青少年讀者藉由閱讀此書學習到同儕互動中的同理、同情與接受，是一個真正令人難忘的青少年故事讀本。

《一個女孩的故事》（*Story of a Girl*, Sara Zarr）

這本書的內容比其他書更超齡，但是因青少年高盛行的放蕩羞恥的行為問題，而值得被放入重要資源的列表中。在這個幾乎貼近真實生活的虛構個案——13 歲的蒂娜·蘭伯特在汽車後座與哥哥最好的男性友人發生親密關係當場被抓後，生活永遠改變的故事。這本書可以作為重要媒介，用來與孩子談論兩性議題，包括行動後果、名譽、復原能力和救贖。

給專業人士和家長的社交和情緒管理技能學習課程資源

近幾年來，專業人士和家長有無數資源可以幫助他們接觸到的孩子，教他們應對霸凌的重要技能。雖說好處是可以不用為特定的孩子、學生、班級或小組特別設計適配的活動和課程，但事實上並沒有唯一正確的方案；反而，真誠和投入的成人才能將教案個別化，並拿出新教材來讓年輕的心靈參與，造成深遠的改變。下面的列表提供了一些我認為是最有效的社交和情緒管理技能學習課程方案。

智慧箴言：在第一次傳遞最好的社交和情緒管理技能學習課程方案時，並非那麼好。如果您讀了其中一個活動方案，它打動了您，讓您認為是對孩子們一個強而有力的訊息，請不止一次地多嘗試。有時身為成人，您仍需要一再重複，才能讓您說話的節奏和表現風格更熟練。請願意為孩子們付出努力，制定有效的訊息，孩子是值得付出的，這些終生受用的技巧都值得您付出每一秒努力。

● **《友誼和其他武器：幫助年齡 5-11 歲的女孩從容應對霸凌的小組活動》**（*Friendship and Other Weapons: Group Activities to Help Young Girls Aged 5-11 to Cope With Bullying*, Signe Whitson）

　　在推薦這本書（當然在沒有推薦順序之下）的同時，我跟讀者分享 12 個社交和情緒管理技能學習課程，利用發人深思的討論、參與遊戲、挖掘自我強項的練習、增強自信心的練習，建造關係式攻擊行為的關鍵知識和傳授友誼的生存技能，來協助年輕的女孩們應對霸凌情境。《友誼和其他武器》為讀者與孩子提供簡便、一步一步的指導方針和可複製使用的圖片資源（www.signewhitson.com）。

● **《青少年霸凌練習本：幫助您處理社交攻擊和網路霸凌的活動》**（*The Bullying Workbook for Teens: Activities to Help You Deal With Social Aggression and Cyberbullying*, Raychelle Cassada Lohmann and Julia V. Taylor）

　　正如書名，《青少年霸凌練習本》是專為青少年自助學習處理社交攻擊和網路霸凌策略的資源書，以青少年可以單獨應對霸凌時所使用的策略為主所寫的書。因此，它是一個非常寶貴的資源，然而，因為我相信，孩子的學習最好還是要在有成人支持的系統背景下成效較佳，所以我建議專業人士和家長也要好好熟悉這本書，在特定的情感和行為技能發展時，用它來指導孩子們。

● **《霸凌剋星：幫助霸凌者、受害者和旁觀者的教師手冊》**（*Bully Busters: A Teacher's Manual for Helping Bullies, Victims, and Bystanders*, Dawn Newman-Carlson, Arthur M. Horne, Christi L. Bartolomucci, and Dawn A. Newman）

　　這手冊分成七個主題，每個主題提供老師特殊議題的具體訊息，並提

供多個課堂活動選項,讓教師幫助孩子們應對霸凌。這個霸凌剋星計畫是專門為鼓勵老師、學生和家長共同努力終結霸凌而寫成的(http://www.bully-buster.com)。

尊重的步驟(Step to Respect)

從兒童委員會而來,「尊重的步驟」是一個全校全面性的方案,同時提供成人(管理人員、教師、食堂職工和校車司機)在預防霸凌上每個人的角色作用的具體指導,以及課堂教導孩子如何識別、有效應對與通報霸凌的步驟。「尊重的步驟」是專為幼兒園大班到六年級的孩子們所設計(www.cfchildren.org)。

歐威霸凌預防計畫(The Olweus Bullying Prevention Program, OBPP, Dan Olweus)

OBPP設立於挪威,它是世界最有名的霸凌預防方案研究中心。它的方案內容已被證明能有效減少 70%小學、國中、高中的學生發生霸凌受害的比率,以及有效減少孩子們之間的反社會行為。OBPP旨在改善教室的學習與社交氛圍,促進學生之間積極正向的社交關係(www.violenceprevention-works.org)。

和平校車方案:幼兒園大班到高中畢業的方案(The Peaceful School Bus Program: A Program for Grades K-12, Jim Dillon)

大家都知道霸凌常發生在成人監督不到的場所和空間,所以和平校車方案的目的是在營造校車上尊重與合作的氛圍,減少校車上不當行為的發生機率。內容不僅限於校車內會發生的行為,而是運用團隊組成遊戲和輔導方案,全面終結幼兒園到高中霸凌行為的全校性計畫(www.peaceful-schoolbus.com)。

●PACER 國家霸凌預防中心（PACER's National Bullying Prevention Center）

PACER〔教育權利家長倡議聯盟（Parent Advocacy Coalition for Educational Rights）的縮寫〕國家霸凌預防中心是為提升身心障礙兒童生活品質而組成的組織。家長幫助家長為 PACER 的中心概念。國家霸凌預防中心提供家長、教師和其他專業人士，適用於各年齡孩子的工具包和活動點子（www.pacer.org）。

十個建立兒童社會和情緒管理能力的實際可行策略

1. 將社交技巧指引融入全校課程範圍及孩子們日常生活互動的一部分。
2. 當孩子對彼此表現出殘忍的行為時，用教導的方式，而不是施以懲罰。
3. 給孩子有尊嚴的去對待他人所需要的技能，並讓他們秉持這些技巧來維持這樣的行為標準。
4. 與學校的學生交談，查出他們認為終結霸凌最有幫助和最沒有幫助的方法。
5. 使用角色扮演遊戲，協助孩子練習面對霸凌時堅定的身體語言、自信的措辭、中性的語調，以及其他有效的溝通技巧。
6. 和孩子談論什麼是正向積極的友誼感覺。
7. 強化孩子從悲傷和焦慮的霸凌感受中復原所需要的技能。
8. 教孩子表達情緒的各種選擇方式，提供孩子發洩憤怒情緒的方法。
9. 培養孩子的課外興趣，幫助他們發展支持性的友誼，體驗真正的快樂，並獲得社交自信。
10. 成為孩子自信表達情感、解決問題和解決衝突的典範。

友好行為
給教師與家長終結霸凌的八把金鑰

金鑰 6　將旁觀者轉為好夥伴

　　身為一個寄養機構的治療師，在我職業生涯的早期就聽聞了被送來機構安置的青春期男孩或女孩歷史悠久且真正駭人聽聞的被虐待史，這些孩子才 13 歲的時候，就已經經歷了比大多數人還要多的疼痛，真的。

　　我總是陷入一個漩渦中，不能理解為什麼這些被虐待的孩子對周遭事件的情緒反應，像是憤怒與失望，總是高於他們的同儕。或許有人也跟我一樣，認為這些曾真正經歷了這麼多成人施虐事件，而能倖免於創傷的孩子，應該不會在意這些所謂學校霸凌的小劇碼，但事實上，這些經同儕之手所造成的傷害經常是劇烈的。我回想起一個 15 歲的男孩，放學回家途中發生在校車上的灼痛霸凌事件：

　　那一天我記得小華（化名）顯得格外安靜的走下校車，不同於平常的嘰哩呱啦，他靜靜地坐在安置機構的客廳裡大口吃著點心，等待休息時間結束。我記得小華非常用力的咀嚼他嘴裡的食物，強烈到讓我覺得他就快要把他的嘴唇咬出一個洞來了。所以當我告訴他，他可以先行離開小組點心時間時，他幾乎是跑著回他的房間。

　　我給了他大概五分鐘左右的獨處時間，之後我敲敲門進去看看他是否還好。我猜想他的房間應該已經被他踩躪得亂七八糟了，因為小華習慣用破壞自己房間的方式來宣洩情緒。然而，那天下午，我發現小華坐在他鋪得非常整齊的床上，雙手抱著頭，淚流滿臉的哭著。他因為讓我看到他哭了而感到不好意思，但仍示意我留下來。

　　我問他怎麼了，他簡單的回答我說那些屁孩（「屁孩」是他生氣時選擇用來指同儕的詞，事實上是與他年齡相仿的孩子）又再一次戲弄他，挑釁他說到現在沒有交過一個女友，說他一定是「同性戀」。「但最糟糕的部分是，」在他完全崩潰之前說：「是……是凱思就坐在我旁邊，他從頭到尾都沒有說什麼或做任何事情來阻止那些屁孩！我以為凱思是我最好的朋友。」

　　小華又傷心的哭了二十多分鐘，我坐在他旁邊陪著他，我告訴他，他非常了不起，因為他鼓起勇氣告訴我校車上發生的事，並且讓他知道他需要釋放自己的情緒。的確，我在這個機構與小華相處超過六個月了，這是我第一次看到他崩潰大哭。這個孩子有著深不可測的迷惘、被虐待和被暴力對待的過往，在收容機構裡被教育到可以將旁觀者視為好朋友，就許多方面而言，小華能夠承認自己的情緒，並能向成人表達情緒，是治療里程碑的突破，我永遠不會忘記旁觀者凱思的無作為對小華的影響，我永遠記住同儕旁觀者的行為，不管是好是壞，對被霸凌孩子的生命是多麼巨大的影響力啊！

旁觀者的角色

　　研究顯示，十件霸凌的事件裡，九件有同儕在現場，但同儕替受害者發聲或協助受害者的比率只有20%（Hawkins, Pepler, & Craig, 2001）。同一篇研究裡記載，當同儕旁觀者介入制止霸凌行為時，超過一半的霸凌會在十秒內停止。想想如果旁觀者能有更高比率的介入行為，對終結霸凌的影響將更大。這是我們的工作，作為成人，我們要弄清楚如何教導同儕旁

觀者在終結霸凌上應該扮演的角色。

為什麼旁觀者不介入？

針對「旁觀者效應」這個議題，已經累積了多年的大量研究資料，分析是什麼原因使本來很有善心的人，在看到霸凌事件發生時，會選擇不做任何的介入行為，孩子們也經常列舉一些不介入干預被霸凌同儕的理由，茲分述如下。

責任分散

責任分散理論，是指一個人假想會有其他人介入處理一個令人不安的情況，並進而提供幫助，這樣想的人往往就不會介入了。運用到現實生活，在學校和其他機構組織裡，孩子往往認為成人將在霸凌的事件中負起介入的責任，所以孩子就會選擇放棄他們身為旁觀者的責任，不介入協助受害者。

這一理論之後引申的麻煩是，大多數的霸凌行為是發生在成人看不到的地方。正如我們在金鑰 1 所提到的，事實上，成人不知道的霸凌事件高達 96%，跟上面提到孩子們目睹 90% 的霸凌發生數據相比，這是一個鮮明的對比。這些旁觀孩子們的存在，事實上，往往如此誘惑霸凌侵略者，因為同儕矚目正是餵養年輕霸凌侵略者權力感的最佳食物，能引起侵略者社交地位提升的錯覺。

一定要讓孩子明瞭不能期待還會有其他人插手幫忙阻止霸凌，制止霸凌是每個人的責任。在下面的內容中，我們將談論孩子們可以承擔這項艱鉅任務的實際可行策略。

恐懼成為下一個目標

孩子不介入霸凌事件其中最常見的原因，是因為他們害怕雖然是做對別人正確的事，反而會錯誤的危害到自己的安寧生活。如同孩子們在玩山丘之王的遊戲時，經常互相推擠任何威脅到他們在榜首位置的人一樣，Barbara Coloroso（2008）在她的書《霸凌者、受害者與旁觀者》（*The Bully, the Bullied, and the Bystander*）中也指出，孩子敏銳地意識到會霸凌他人的孩子們，通常很快就會轉而貶損誹謗任何試圖介入干預霸凌情境的人，所以恐懼成為下一個目標，是孩子不願意介入霸凌事件最常見的原因。

朋友間的決裂

當孩子碰巧目擊自己的好朋友正在霸凌另一個人時，雖然在他／她的道德勇氣裡知道正在發生的事情是錯的，但在他／她的心裡卻有理由為自己辯護：「我雖然不喜歡她那樣做，但她仍然是我的好朋友，我不想和她決裂。」孩子最後都因不願違抗朋友，而決定不插手朋友的霸凌行為。在少女的世界裡，避免與朋友產生衝突的壓力特別高張（Simmons, 2010）。所以設法幫助孩子們克服這種壓力，並正確且自信地去維護所有的同儕關係，是成人在終結霸凌上另一個關鍵的作用。

與受害者無友誼關係

有時旁觀者知道他們看到的霸凌是錯的，但他們會合理化自己不介入的理由，是因為被欺負的人不是他們的朋友，或者根本是他們幾乎不認識的人，所以他們覺得沒有必要去保護他／她。這個邏輯的想法與責任分散理論一樣，旁觀者認為應該會有這個人的朋友介入，所以就可以以與受害者無友誼關係為藉口而走開。

無助感

在金鑰 1 時我們就提到，成人常常覺得缺乏知識和技能制止霸凌，所以在談到霸凌的干預時感到特別無助。這種現象對所有的孩子而言更真實不過了，孩子們雖然從學校、父母或媒體網站接收到霸凌是錯的訊息，但對於如何具體有效介入的指示卻寥寥無幾。

要說什麼來當下制止霸凌是成人和兒童都需要事先學習的重要組成部分。在金鑰 3 我們談到成人可以用來干預正在進行之霸凌事件的簡潔措詞。在這個金鑰的後面，我們會談論適合孩子年齡的適當且自信的詞句，讓孩子可以用它來制止霸凌。

練習

◯ 是什麼原因讓您不願意制止霸凌？

大多數的人都曾經在生活中目睹過不法的行為，但並未出面阻止它。想想您生活的某個時間點，對以下這些問題的真實答案：

● 您為什麼猶豫挺身而出？

● 如果您有能力回到過去，再次經歷同一個事件，您會有不同的表現嗎？

● 您會如何為受害者挺身而出？

這對成人是一項重要的練習，因為它提供了成人再次站在青少年位置上的機會，喚起他們從被驚嚇的旁觀者角色，一躍而成為被害者盟友的練習。

♥ 霸凌事件旁觀者的負面情緒

總體而言，旁觀霸凌事件的孩子，在目睹霸凌發生的同時，也體驗無數不愉快而且矛盾的情緒。一方面他們因為自己不是目標而鬆一口氣，另一方面又內疚當下沒能做點什麼事情來阻止霸凌；既可憐受害者，卻又恐懼挺身而出對抗自己的朋友；甚至憤怒為什麼沒有其他人介入說些什麼或做些什麼，可以使混亂的局勢變好。

如果可以不讓旁觀的孩子出現以上的那些情緒，而是在看到霸凌的當下，可以感到自信而採取強大的介入幫助呢？或是感覺因為他們有能力介入的比率提高，能更快速終結霸凌事件呢？抑或是如果孩子認為他們的介入，將對霸凌事件有一個顯著且正向積極的影響和成果呢？

使旁觀者覺得有足夠的能力成為弱勢同儕的盟友，是這個終結霸凌關鍵章節的重要組成部分和焦點。

🕊 轉旁觀者為盟友

為了增強青少年有為被霸凌的同儕挺身而出的勇氣，專業人士和家長首先要幫助孩子克服如上所述的種種介入障礙。關鍵重點包括確保所有的孩子知道下述幾點：

1. 相信終結霸凌從自己開始。介入終止霸凌是每個人的工作，而不是別人或成人的責任。
2. 同理被霸凌的人。無論旁觀者和被霸凌的人是朋友或是陌生人，旁觀者必須感到同理受害者，相信受害同儕不應該受到這樣的虐待和霸凌。
3. 必須了解到，衝突是生活不可避免的一部分。雖然孩子可能會為挑戰朋友的霸凌行為所可能引發的衝突感到不安，他們還是必須相信彼此

的友誼能承受這樣的對抗。

4. 當孩子看見霸凌時，能用自信的溝通方式制止霸凌。

5. 孩子要有自信他們的介入將對被霸凌的孩子產生積極正向的影響，以及對自己產生最小（或至少可控制）的負面後果。

練習

○ **您能做些什麼來幫助孩子克服以上所述的介入障礙？**

想想上面列出的每個介入障礙，至少舉出兩個創造性的方法幫助孩子們克服那些介入障礙。寫下每個方法的策略，並制定一個計畫來實現它們。

例如，消滅責任分散理論，可以舉辦一次全校比賽，讓每個學生來挑戰，原創出一個口號來說明他／她在制止霸凌事件上所扮演的角色。鼓勵孩子們盡可能發揮創意，列出他們的口號或標語在看板上、宣傳單，或穿著的 T 恤，甚至做成音樂歌曲。

這是我在進行霸凌預防活動時，經常給年輕學生使用的練習，年輕學生激發出來的創造力是非常驚人的。我起始的口號是：「對於霸凌，什麼都不做是不行的。」多年來，孩子們創造了無數奇妙的口號和標語，展現出他們對制止霸凌概念的理解與責任。一些孩子們創造的口號或標語如下：

● 終結霸凌從我開始。
● 只要有一個人挺身而出就足夠。
● 想要有朋友嗎？先像個朋友，先幫助朋友。
● 挺身而出終結霸凌。
● 打破沉默，挺身而出對抗霸凌。
● 沒有所謂的無辜旁觀者。

♡ 支持強化旁觀者的神經科學研究

　　神經科學的最新進展，提供了強而有力的證據，解釋為什麼強化旁觀者變成盟友在終結霸凌上非常有效。主要是因為兩種神經傳導物質——多巴胺和血清素。多巴胺是一種神經傳導物質，在大腦的幾個功能上發揮作用，這些功能包括獎勵、行為、情緒和學習。研究發現，會去霸凌他人的孩子，在他們欺負同儕的行動時，血液中的多巴胺會升高。多巴胺的升高啟動了大腦的獎勵回饋中心，使這些孩子以為自己很偉大。

　　作為對孩子們有幫助的成人，我們希望孩子們擁有自信，培育孩子自信和自我效能感這類終身重要的人格特質，是成年人的責任。我們都希望孩子是透過感受好的作品和善良的行為而獲得自信和能力，而不是因為他們強迫、嘲笑或操縱他人才學得的。好消息是，所有孩子的大腦都會分泌多巴胺，不單單只有那些會去霸凌他人的孩子的大腦才會分泌多巴胺。當旁觀者介入制止霸凌時，他們也會體驗到自己突然增加的多巴胺，因為他們控制了令人不安的社交動態，並停止接下來不必要的侵略行為。

　　涉及強化旁觀者的第二個大腦化學物質是血清素。血清素有時被稱為「快樂激素」，它有助於提升快樂情緒、緩和緊張以及緩解憂鬱症，創造一般的幸福感。研究顯示，一個人每次執行善良的行為，大腦就會產生血清素。當旁觀者挺身而出，代表受害同儕對抗施暴者時，他們的行為會增強這種自我感覺良好的大腦化學物質的分泌，創造出一種幸福感。

　　神經科學為我們提供了旁觀者挺身而出的大腦證據，專業人員和家長只需了解旁觀者到底需要什麼樣的技能，才能真正挺身而出介入制止霸凌。

旁觀者當下的介入方法

如上所述，研究顯示，當一個旁觀者介入阻止霸凌時，通常不需要超過十秒就能停止侵略行為。這是真的，並不是指特定的旁觀者或用了什麼單詞。換句話說，單單就只是旁人的介入，竟有如此簡單的結果，更何況考慮特別的介入策略時所能改變的（Goldman, 2012）。所以成人應該教育孩子，他們的聲音對所要傳遞之訊息的強化，遠遠超出霸凌預防計畫的影響。青少年所說的話真的很重要。

然而，在高度緊張的霸凌事件發生當下，大多數的孩子會暫時失去一部分大腦思考的能力。他們可能會用挑釁的反擊，或因恐懼而凍結在當下，或逃離現場，很少有孩子早已準備好能在當下拿出自己最好的、有自信的言語或態度去回應。這就是幫助孩子們發展簡短的腳本，並在霸凌發生以前練習使用的重要性。在霸凌發生的當下，事前已經有所準備的孩子，就不會掙扎想不出該說什麼，而是能話在嘴邊有效的反應。

在我的書《友誼及其他武器》（*Friendship and Other Weapons*）裡社交和情緒管理技能課程練習中，詳細說明如何幫助孩子培養和實踐使用任何短語來制止霸凌行為（Whitson, 2011a）。在此列出旁觀者可使用的有效制止霸凌行為的短語包括：

- 「別那樣說。那樣很惡劣。」
- 「夠了，別吵了」
- 「一點都不酷。」
- 「你太超過了。停止。」

反覆不斷練習同一個短語，對孩子已經足夠，如同我這本書傳遞給讀者的訊息一樣：介入霸凌、終結霸凌並不一定要是複雜、耗時的，或有預

先策劃的。最強大的介入往往是最簡單的,如簡要的聲明、始終如一的仁慈,以及每天無論何時看到霸凌發生就鼓起勇氣介入終結霸凌。

💙 發生前後旁觀者的介入

強化旁觀者的主題是教孩子有能力馬上介入霸凌,專業人員和父母透過讓孩子意識到他們在終結霸凌上偉大的地方,也就是他們具有巨大的力量可以深入到孩子被霸凌之前和霸凌之後,這兩個時間框架範圍都是提供同儕支持和陪伴的關鍵時刻。

霸凌之前

由於霸凌具有重複性,社交能力強的孩子,往往可以預期霸凌的發生。例如,一個學生可能足以預測,一個脆弱的同儕在經常乘坐需開 25 哩路的回家校車巴士上,將面臨一個難以承受的霸凌。孩子可以學習主動有技巧的接近脆弱的同儕,坐在他旁邊,阻止霸凌發生,或提示周圍的成人,採取類似的預防行動。

比如金鑰 1 中,我們看到現實生活的萊利,被女孩佳達和麗莎在操場上欺負,但是在發生萊利衝動以人身攻擊回應侵略者時,才有學生告知成人。在這種攻擊回應情況發生之前,很顯然大多數萊利、佳達和麗莎的同學都知道當時霸凌正在發生,但他們選擇不去介入。當學生被老師問及,為什麼在這四天裡都沒有人決定做些什麼事去制止這種關係的霸凌,而讓拉圍巾的人身攻擊事件發生?同學們列出在霸凌事件發生之前關鍵期的各種版本原因,包括:他們不是萊利的朋友;他們認為遊樂場教師助理員會介入,制止佳達和麗莎;或者是他們不知道當時該做什麼來制止等。

經過充分釐清整個事件的情況後,學校的專業人士能夠利用這個事件作為孩子霸凌教學的跳板,每當他們意識到一個有計畫的霸凌時,他們應

該積極告訴計畫者停止，提醒成人有關他所聽到的，並連結幫助被霸凌的人，讓他／她感覺到有安全感和支持。如同在萊利的真實個案事件裡，有效的旁觀者在霸凌前就進行介入的情況下，比如：同班同學在課間休息時間與萊利一起玩樂。這樣一來，萊利就不會一直希望能得到佳達和麗莎的注意，脆弱到發現她們反覆操弄她的友誼，而在暴怒之下進行人身攻擊。

練習

◎ 您鼓勵什麼樣的技巧？

以萊利的個案為例，如果萊利、佳達和麗莎的同學，事前聽到佳達和麗莎的計畫，或觀察到萊利每天在操場上受辱，您會鼓勵他們使用什麼樣的技巧來阻止事件的發展？

霸凌之後

雖然我們並不總是能預料或防止霸凌的發生，但有很多富有同情心的旁觀者，可以做些事減輕受害者的心靈創痛。只要抽一點時間，努力跟一個受同儕欺負的孩子說說話，比如說：「不要去想那個女孩（男孩）了。」「她（他）總是那樣對待大家。」這對被攻擊的孩子而言具有強大的提醒功能，讓被霸凌的孩子知道其他人是支持他／她的，他／她不應該被這樣殘酷的對待。當旁觀者轉變成被欺負孩子的盟友時，在霸凌之後邀請受害者加入一群朋友的午餐聚會，或其他即將進行的社交活動，是讓他／她證實自己永遠不孤單的訊息。其他旁觀者可以在霸凌事件發生後，用來傳遞給被欺負孩子的支持訊息包括：

● 我很遺憾那些發生在您身上的事。
● 那不是您應受的。

- 我認為您應該告訴某老師關於剛剛發生的事。如果您想去,我可以陪您一起去。

- 您介意我告訴某老師剛才發生的事嗎?我能理解您可能會擔心去告訴她,但我認為她需要知道。

- 我會一直站在您這邊。您可以隨時來找我聊聊。

- 從現在開始無論是在午餐/校車上/課間休息/放學後都可以找我,跟我一起。您也可以和我及我的朋友一同出去逛街。

練習

● 旁觀者介入計畫

　　下面強化旁觀者成為盟友的策略活動,可以由專業人士和家長自己使用,或者也可以與孩子們一起進行,讓他們討論出具體的預防霸凌介入策略。

　　對於以下每個場景,都表列至少三個旁觀者可以有效介入的方式。挑戰自我,思考目睹發生霸凌之前和之後,旁觀者可以使用的介入方式。

♡ 場景 1

　　潔西對克莉絲感到生氣。她認為克莉絲與她的男友調情。潔西並不想直接向克莉絲求證,因為她認為克莉絲只會否認,再者她也擔心找克莉絲談判會令她的男友生氣。所以,潔西特地在 Instagram 網站上新設了一個假的帳戶,專門用來攻擊克莉絲,潔西將各種令人尷尬的照片發布在這個帳號上,集結其他孩子在網頁上談他們如何恨克莉絲,並稱克莉絲為魯蛇。這個帳號在網頁上一段時間,整個學校的學生似乎都知道了這件事。

　　旁觀者如何介入這情況成為克莉絲的盟友?

場景 2

　　讀國中的達雷爾最害怕搭校車回家，因為每天坐在他身後的一個孩子，總是一巴掌打在他的後腦勺上，另一個坐在他前面的一個孩子，接著轉身用恐嚇的語言對他吼叫。他們戲弄他，並說：「怎樣？打算怎麼辦，哭著找媽媽？」他們還威脅他說如果他告訴任何人關於學校校車上發生的事就要揍他。達雷爾試圖請求他的父母開車送他上下學，但他們都需要工作，無法改變他們的日程安排。這種情況就這樣持續了好幾個月。

　　旁觀者如何介入這情況成為達雷爾的盟友？

場景 3

　　克羅伊和奧利維亞從幼兒園起就是最好的朋友。到了小學三年級時，她們被分發在不同的班級，各自都結交了新朋友。剛開學時所有情況都還好，直到 11 月上旬，克羅伊開始對奧利維亞說一些像：「妳不再是我最好的朋友了。」「妳不能和我坐在一起吃午餐。」和「這張桌子只給我的新朋友坐。」之類的話。奧利維亞覺得很受傷，決定只專注在自己班上女生的友誼。有一天，大約是在 12 月時，奧利維亞走進學校餐廳時，發現沒有一個人願意讓她坐下來一起吃午餐。她試圖到處尋找位子，孩子們如鸚鵡般傳遞完全相同的訊息：「這桌子只給很酷的人坐。妳不是。」

　　旁觀者如何介入這情況成為奧利維亞的盟友？

走偏了的盟軍：我們恨麥迪遜社團

　　教導孩子學習新的技能，往往就像看一個鐘擺左右擺盪一樣，在

孩子們可以適當使用適中的技能與技巧之前，他們常常表現出太過或不及的兩個極端。一群女孩最近在學校學習了旁觀者介入的技巧和策略後，當目睹了他們的同班同學麥迪遜在校車上欺負另一個孩子時，她們認為她們知道該怎麼做。以下是這個好心的旁觀者，得意地告訴她的母親她和她的朋友們「介入」制止霸凌的故事：

「媽，妳猜怎麼了？潔西卡說，她將成為我們恨麥迪遜社團的一份子。」

「蛤！？親愛的，妳說什麼？」女孩的媽媽設法平靜的問，但事實是胃抽了一下而且感到頭暈。

女孩的媽媽完整清楚的聽到女兒的話，而且明顯知道這個社團的含意。她為了延長談話時間而提出了問題，以便蒐集她女兒的想法，而且，當然，她希望她聽錯了句意。

「潔西卡說，她將成為我們恨麥迪遜社團的一份子」女孩再一次重述，並且沒有任何的內疚或做錯事的罪惡感。

女孩的媽媽一直害怕的時刻終於到來，雖然許多家長都能預見，在某一時間點他們的孩子終將會參與霸凌，但沒有人希望自己的孩子如此坦率和歡樂的報告出來。女孩的媽媽經常假想她將如何處理霸凌的發生，那會是在一個輕鬆的時刻，倒一杯熱可可與女兒依偎在沙發上，聊好幾個小時有關善良的重要性，以及真誠友誼的價值。她從來沒有計畫在校車到達的前一刻鐘與女兒談論剛發生的事情，也沒有想過她必須處理女兒是霸凌攻擊者的這種情況。

沉默了幾分鐘後，她清楚簡單、斬釘截鐵的告訴她女兒：「我們恨任何人社團是一種霸凌行為，是不對的。」然後她告訴她女兒，她永遠不能參加這類社團。

女孩看著她的媽媽，就像是她們倆來自不同的行星。然後，女孩試圖解釋：「哦，媽，不是妳想的那樣啦！麥迪遜真的很壞很惡劣。這就是為什麼我們要成立這樣的社團。我親眼看到她在校車上偷了她哥哥的奇巧巧克力棒。她對她哥哥真的很壞，她一直都很惡劣，我們全部的人都已經厭倦她那樣，所以我們想成立一個社團，讓她知道我

們不會同意她對她哥哥的惡劣行為,她要改進。」

女孩的媽媽感到些許如釋重負,原來她的女兒不完全是反社會的。她並沒有選擇攻擊無辜的受害者,而是為同儕受妹妹的不公平對待,而任命自己成為正義使者,進行替同儕復仇的行動。真是了不起啊!

女孩的媽媽確實感到安慰,因為她女兒高興的聲音不是與傷害麥迪遜的幸福有關,而是她錯誤的結論,以為如果麥迪遜可以霸凌她的哥哥,其他人當然也可以用同樣的不良行為作為回報。她很快向她女兒指出了這一切,並解釋:「如果所有在校車上的學生結成幫派成立我們恨麥德遜社團對抗麥迪遜,那就是霸凌。這是不可以的,不管麥迪遜做過什麼,成為像這樣社團的一員是永遠不可以的。」

允許讓女兒踏上校車面對「我們恨麥迪遜社團」的人群之前,女孩的媽媽知道有兩件事她不得不花上一整天的時間來告訴她的女兒。

首先是有關同理的說明,她承認麥迪遜對她哥哥的行為確實很惡劣,並告訴她女兒,這點她可以不高興。然後她請女兒好好想一想,如果她是麥迪遜,面對所有校車上的孩子們,必須一個人面對一群人看著她,互相交頭接耳,卻不直接跟她說話,她有什麼感受?

其次,是已經發生的事實,也就是成立「我們恨麥迪遜社團」。她除了告訴女兒不能加入使某個人生活在悲慘世界的群組之外,她要告訴她女兒接下來還要做什麼。所以她要求女兒踏上校車時,當其他人的英雄,對其他社團的成員說:「夥伴們,我覺得我們這樣做是錯的。我知道麥迪遜之前那樣對待她哥哥真的很惡劣,但我們現在這樣對她也同樣的惡劣,我不認為我們應該繼續這樣做。」

說完這些話後,女孩的媽媽又得到了女兒來自遙遠星球的表情。很顯然的,她的女兒完全無法接受她所提議的,臉上露出無法置信的表情。這個年輕女孩無法接受媽媽提議的想法是,原本替麥迪遜哥哥發聲的英雄式勝利時刻,突然要她以完全不同類型的介入方式來處理這件事。

這種情形並不少見,孩子們在練習新技能或社交技巧時,曲解了社交

技巧、指令或新的技能，因此在前幾次的使用上會過於偏激。就像這個女兒與她的朋友們一起在校車上，以為她們在做正確的事，用正確的方法介入，以停止麥迪遜對她哥哥的虐待。孩子並沒有明白自己過分熱心的反應，反而創造了一個新的霸凌循環，而且這個會比第一個更凶狠。所以成年人在強化霸凌旁觀者發揮重要作用時，不僅僅是轉旁觀者為盟友，而且在排練介入技能時，要使孩子們了解真正正確的介入策略。

學校和青年組織的好友計畫

Bazelon（2013）指出，社會地位高的孩子往往是最好的霸凌介入者，因為他們在群組裡的影響力最大，另外對於霸凌侵略者的復仇，他們相對有較強的免疫力。他們表達對霸凌事件的不滿及不允許，並發出了一個強而有力的訊息——霸凌是不酷的。

一些學校和青年組織最有效的好友計畫，就是建立在這一原則上，他們將高社經地位孩子與易受傷害的孩子配對，成為好友聯盟。這些好友計畫存在於全國各地，並已有許多感人的新聞故事和 YouTube 影片，展示這些來自社經地位階梯兩端的孩子，真正且持久的連結故事。這些不太可能發展的友誼也明確表示，不對等的連結是保護弱勢青年的顯著措施；當與社經地位高的同儕配對時，以前被霸凌的孩子可以在他們的保護之下，享受他們自己的權益帶來的社會成就。他們變得享受學校生活，學業能力變好，以及更有自信。

反霸凌組織「甜心和英雄」（Sweethearts and Heroes）的創始人之一——Jason Spector 說，大部分的教師在一所學校裡至少有五個可以依靠的忠誠學生勇士，他們總是願意加倍努力完成教師賦予他們的責任（Taylor, 2013）。Spector 與「甜心和英雄」的另一創始人——Tom Murphy，在他們給教育工作者的演講中，挑戰老師指派他們的勇士去接觸那些在社交活動

中掙扎的孩子，或是被霸凌的對象。他們指出，如在校車上與弱勢的孩子們坐在一起，或與他們走一段路之類看似簡單的行為，對於霸凌預防卻非常有效。更重要的是，Spector 和 Murphy 強調有這種被稱為英雄的經驗對勇士來說是重要的，因為這些社交精明的學生們，可以學到保護弱勢族群的善良和慈悲的力量。

制定這種好友計畫時，應注意一個重要的考量，整體來看這樣的計畫應該有利於所有的學生。然而實際上有中度或嚴重發展障礙的孩子，以及那些身體有明顯障礙的孩子，經常被包含在好友計畫裡，但是只有輕度殘疾或發展障礙的孩子們則通常不包括在內。社交思維的創始人 Michelle Gorcia Winner（2013）認為，這些被排除在外的孩子往往是最需要對等連接和社會保障的一群。輕度障礙的兒童行動力通常看起來頗接近正常，但又不是那麼正常，因為害怕連累損害自己的社交地位，所以其實沒有同儕願意和他們在一起。這些孩子面臨被他們的同儕雙重拋棄的命運，一邊認為他們太古怪而不願意接觸，而另一邊的同儕指導組又不認為他們有足夠的障礙需要幫助。

在學校或青少年團體負責建立好友計畫的專業人士，可以很容易地在網路上找到許多正向的實例方案或模式策略。如果您正在考慮在您的學校或社區建立一個好友計畫，想想如何增加含括在內的易受傷害孩子的廣度，尤其是那些接近正常的孩子們，他們的生活其實可以透過擁有這樣的同儕好友計畫而獲得顯著改善的。

運用社會權利是一個過程

隨著多年的在校學習期間，孩子們學習如何使用社會權利。專業人士和父母在教育孩子使用這些強大的社會權利時，最至關重要的是他們採取這些行動之前、期間和之後對霸凌情節可能發揮的作用，是停止殘酷行為

或讓事件繼續無情地發展下去。傳遞給孩子基本明確的訊息便是：如果您正巧看到霸凌的情節發生，您有能力而且也有責任應該要做一些事情來制止霸凌。

十個將旁觀者轉為好夥伴的實際可行策略

1. 孩子談論他們有關霸凌的事件時，注意傾聽他們保持不介入的原因。

2. 同理孩子的恐懼，並幫助他們制定有關如何克服介入障礙的策略。

3. 提供實際可行的支持，教孩子使用自信短語當場制止霸凌。

4. 教孩子們如何尋找具有共同點的同儕，並欣喜接納同儕之間的差異。

5. 教導孩子當朋友行為表現異常或不好時，站出來糾正朋友是沒有關係的。

6. 清楚向孩子闡明，讓他們知道當看到霸凌的事件，什麼都不做永遠不是一個選項。

7. 建立連結社交成熟孩子和易受傷害社會弱勢孩子的好友計畫。監督配對計畫的發展。給兩個族群的孩子適當的鼓勵與獎勵。

8. 常常對孩子們說一句口頭禪，比如：「不要成為一個不甘我事的旁觀者。」

9. 給孩子練習預防霸凌技巧的角色扮演機會。在一般情況下，這些技巧需要不斷練習，才能使孩子在不用思考的當下就能反應使用。

10. 強化孩子們他們有很大的力量可以改變弱勢同儕生活的訊息，他們應該不要錯過任何一個能去幫助他人的機會。

金鑰 7 親近霸凌他人的孩子

　　我記得曾經有人評論，外星人是暑期大片最好的話題，因為每個人都一致認為外星人是他們共同的敵人。我印象中的記憶，有很多時候，霸凌的孩子就如同當今社會的外星人，被任意嘲笑、草率指責，而且容易被其他孩子拒絕。我想沒有比我更會被孩子的霸凌行為而嚇呆的人了，然而我的朋友兼導師──Nicholas Long 博士教我，沒有事情是無原因的，額外的輕蔑、咒罵、指責和拒絕，是受過傷的孩子最不需要的東西。

　　受過傷的孩子？霸凌他人的孩子是受害者？您可能會想，難道這章將討論關於如何向原本應受社會譴責的惡行孩子說對不起？當然不完全是。作為準備終結霸凌的專業人士和家長來說，客觀上不是去可憐欺負別人的孩子，而是要了解這些孩子為什麼會有這些行為，並洞察他們實際執行的方式，進而用此幫助我們指導他們改變行為。一個自我矛盾的論點認為，用殘忍和毫無歉意的恐嚇霸凌行為趕走他人的孩子，往往是最需要朋友的人。所以身為成人，應該可以超越這些行為的表面，看到並理解這些孩子的痛苦，以及內心驅動他們去霸凌他人的原因，成人是有機會在這群孩子的生活中發揮真正的改變作用。

什麼原因驅動孩子去霸凌他人？

本書的第一支金鑰，我標識出了幾個驅動孩子去霸凌他人的原因，包括提升社交地位、吸引同儕注意，以及尋求控制他人的機會和權力等。在這節中，我們更深入了解為什麼這些動機其實是成長過程中未被滿足的需求，然後，我們開發切實可行的策略，讓仁慈關愛的成人可以幫助確保孩子們的這些需求得到滿足，反過來說，需求已被滿足的孩子們，就不太可能再去霸凌他人了。

情緒管理缺陷

評估成長過程中未被滿足的需求時，一個重要的考慮因素是孩子多大年紀應該學會管理情緒，特別是表達憤怒的情緒管理。雖然我們很多人喜歡想像家是孩子和家庭成員的天堂和避難所，但事實上，發生在家庭裡的暴力事件比在街道上的還要多（Long, Long, & Whitson, 2009）。家庭暴力發生在所有社經地位，它跨越種族界限、男女性別和所有不同宗教信仰，是孩子侵略性行為發展的主要來源。

在用侵略性行為表達憤怒和沮喪的家庭中長大的孩子，常常學習到用同樣的方式表達自己的憤怒和沮喪，往往也認為這樣的方式是正常的。事實上，當學校或治療機構裡的成人嘗試告訴他們，這樣的憤怒情緒表達方法不被他人接受時，很多孩子感到十分困惑，因為對於這些孩子而言，這正是他們從小到大成長過程中，唯一知道的表達憤怒和沮喪的方式。

侵略、攻擊和霸凌一樣，是經過學習而來的行為，也就是說，它可以透過學習來轉化。所以聚焦於教導憤怒情緒管理和自信溝通的社交和情緒管理技能學習課程活動，可以使這些外在表現得像惡霸，內在其實欠缺情

緒管理技能的孩子，出現天壤之別的改變。在暴力與侵略行為家庭中長大的孩子，需要一個成人能聽到他們獸性行為聲響背後，渴求同情與幫助的聲音。

♥ 決策和衝動控制缺陷

在 Lee Hirsch 的紀錄片《霸凌》中，有一個名為佳美雅的少女，她每天必須忍受長達一小時的無情霸凌校車時間以前往密西西比的學校。雖然她試圖尋求成人的幫助，但情勢並沒有好轉。一個悲慘的日子裡，佳美雅做了一個絕望的決定，她從媽媽的衣櫃裡拿走一把手槍搭上校車。雖然她沒有用這把槍傷害任何人，但她仍被逮捕，並被控以 45 項重罪，送進了少年監獄。

在金鑰 1 描述身為朋友關係受害者的小學女孩——萊利，也做出了衝動的決定，用暴力懲罰羞辱她的女孩。當學校管理當局介入處理時，她也被視為是唯一引發問題的侵略者。

所以佳美雅是惡霸嗎？萊利呢？很明顯，這兩個女孩對她們同儕的行動肯定不應該被縱容，但這兩個女孩都能從學習更具建設性的決策和衝動管理，以做出正確的決定中受益。然而，縱使是女孩，只要表現出重複意圖傷害他人，或搶奪控制同儕的權力，都可以因為他們的行為而被同儕稱為霸凌。成人多半看到的是當下偶發的衝突現況，並未涉及大多數青少年的社交動態，所以，很重要的部分是，成人在急於判斷和標記任何孩子是惡霸之前，應該提出正確的問題，以獲得完整的事件資訊。

♥ 依附缺陷

依附理論最初是由 John Bowlby 所提出，用來解釋個人持久與他人連結的心理能力。簡而言之，一個孩子從生命的最初幾天開始與主要照顧者互

動的品質和特性，會影響到他未來一生與其他人連結關係的品質和特性。那些早期經歷情感匱乏和不安全依附的兒童，常常表現出缺乏同理、同情心，以及明顯與他人連結困難的特性。這並不足為奇，維吉尼亞州一項青少年暴力研究結果顯示，與他們的照顧者有較少安全依附的孩子們，長大後有更高可能會成為霸凌同儕的惡霸（Eliot & Cornell, 2009）。

♡ 歸屬感與殊榮性缺陷

正向育兒（Positive Parenting Solutions）創始人 Amy McCready（2012）說：所有的不良行為可以歸咎於歸屬感與殊榮性缺陷。如果從這個角度來看，大部分孩子們的霸凌行為都是可以理解的。孩子們為了獲得同儕結構層次中的安全位置，往往意味著必須藉由摧毀別人以提高自己的社交地位；獲取控制別人命運的權力，使孩子感到強大和殊榮。對成人而言，不一定要去了解孩子為什麼霸凌他人的奧秘之處，而是我們可以做些什麼建設性的活動和行為，來幫助孩子實現歸屬感和殊榮性，而不是讓他們透過霸凌行為來建造這兩者。在這個關鍵裡，我們將討論這一點。

然而，首先很重要的是，我們必須理解為什麼有些孩子在成長過程會有這樣衰弱的歸屬感和殊榮性缺陷。在特定情況下成長與發展的孩子，是如此的多樣性，但為什麼會無法感到足夠的被愛歸屬感與殊榮性呢？以下這兩個真實生活中的例子，是這類受傷的孩子去傷害他人的最好解釋。

● 安東尼

14 歲的時候，安東尼已經長到 6 英尺 2 英寸高，重 225 磅，壯如牛一般了。同儕和學校的員工都一致認同，他壓倒性存在的身形似乎是宣告「不要挑戰我」般的嚇倒周圍的人。安東尼被正規的公立學校開除，主要是因為他的嚴重侵略和攻擊行為問題。他被轉往替代性學習中心就讀，在中心裡安東尼被稱為是常常撒謊、欺騙、偷竊，並在

有人惹他生氣時用暴力痛打對方的人。他被視為惡霸中的惡霸，是訓練中心的暴徒，該中心的社工已經花了好幾個月的時間去了解安東尼，但沒有人知道究竟該如何幫他。

某天，一個替代性學習中心的老師在校外的大賣場看見安東尼和他的祖母，這個偶遇成為安東尼治療的轉折點。他的祖母是如此的嬌小，幾乎只有安東尼身形大小的一半。然而，她對安東尼的行為卻令人驚訝。這位老師向替代性學習中心的工作人員報告，她看到安東尼的奶奶站在大賣場置放穀物的通道上大聲痛斥安東尼，她的聲音大到整個賣場的購物者都能聽見，她所使用的辱罵性詞句足以讓在場家長摀住孩子的耳朵，因為非常不堪入耳。老師繼續說，剛開始賣場的一些工作人員聽到咒罵聲紛紛跑過來，以為他們將需要保護一個被大人斥罵的小孩子。但當他們跑到現場看到安東尼與祖母體型明顯的差異時，他們又都退回到自己的工作崗位上了。

老師看到的最後一件事，是安東尼的祖母不斷的用她的購物車推撞安東尼，並說他是「一塊沒有人要的垃圾」，並說「因為必須試著餵飽他而受困」。基於關心安東尼，該名老師走近學生和他的祖母，假裝他沒有聽見他們的大聲爭執。他自我介紹是安東尼的老師之一，並詢問是否需要幫助他們在這個走道找任何物品。安東尼和他的祖母都謝絕了老師的詢問，但老師這個舉動，成功分心並打斷了安東尼祖母的進一步攻擊行為，他們兩人直到離開商店都沒有進一步的對話或爭執。

到了週一的時候，老師要求與安東尼聊一聊，因為他仍然關心他的安全和福祉。安東尼不像以往一貫輕蔑拒絕會談，他同意出席會談，並急忙解釋在大賣場的情形，說是他在學校常常感到肚子餓，當時他要求祖母額外多買一盒沖泡即食燕麥穀物盒給他，祖母會不高興發怒，是因為她沒有足夠多餘的錢等等。老師向中心報告說他覺得安東尼是在保護他的祖母，因為在整個談話的過程安東尼顯得特別緊張。

從這個時候開始，替代性學習中心的工作人員及老師們有了一個全新的理解，知道安東尼是在何種環境下被養育的。身為一個被親生

父母拋棄，必須與貧窮、年老且施以虐待性辱罵的奶奶住在一起的孩子，安東尼極度缺乏被關愛、被需要以及被看重的成長發展核心經驗。在他的正規學校甚至是替代性學習中心的教師，一直持續聚焦於處罰安東尼攻擊行為的惡性循環裡，在對他的成長環境有了新的認識之後，改變了替代性學習中心的工作人員鎖定的焦點。現在，替代性學習中心的工作人員知道安東尼的侵略行為，實際上是他家庭生活的重演，老師們開始從同理、同情的角度接近他，盡力使安東尼感覺到替代性學習中心是一個避風港，一個可以接受他和重視他，讓他感到存在價值的地方。

安東尼的攻擊行為並沒有在一夜之間就改變，也沒有因為他身邊的成人理解了他行為背後的原因，而獲得傷害他人的免責通行證。安東尼仍然必須對他霸凌別人的行為負責，但透過體驗成人的關心與被成人理解接受的經驗，在接下來的幾個月產生了巨大的影響，證明改變這身強體壯的小伙子的關鍵，是身邊的每個人對待他的方式。從遠方看到安東尼身強體壯威風的樣子，或者閱讀有關他反覆霸凌他人的歷史，任何人都難以想像他是一個生長在貧困弱勢家庭的孩子，但透過學習中心老師無意在賣場早餐穀物區窺見他的家庭生活開始，所有成人能夠理解他與其他孩子的差異與需要，最終有助於改變安東尼的一生。

可悲的是，並不是每一個孩子的故事都有一個如安東尼故事般的快樂結局。以下第二個真實生活個案，描述一個「受歡迎」女孩的生活中意想不到的黑暗面。

●麗莎

麗莎是那種每個人都希望能成為她朋友名單列表上的女孩，沒有人敢惹她不高興。她長得漂亮、行為穩重、穿著跟得上流行，且對學校事務很負責。如果你是麗莎的朋友，你能免於被她攻擊，但對於那

些膽敢反駁她的人，她也會確信對方知道她的憤怒。麗莎是唯一一個可以憑一己之力，掌握學校十年級學生可以跟哪個女孩說話、發簡訊，甚至是看一眼的人。她可以殘酷的當面批評某個女孩的穿著，或甚至無情地張貼這些評論於網路上。

　　凱莎和麗莎是一對分分合合的好朋友。從她們小時候開始，凱莎經常擔任麗莎的替補角色，她們似乎都沒有在意過。事實上，每當麗莎毫不客氣地與凱莎分手的期間（每年至少發生兩次），凱莎總是熱切地等待，並努力想贏回麗莎的青睞。然而，進入高中後，兩人日漸疏遠，因為麗莎花很多的時間與男孩和其他學生群組在一起，所以凱莎的父母也鼓勵凱莎結交其他新朋友。

　　然而，當麗莎被發現死在她父母家裡臥室床上的消息傳來時，震驚了整個學校。麗莎服用了一整瓶醫師開給她服用的抗憂鬱藥，她的朋友沒有一個人可以說得清楚她為何要服用抗憂鬱藥。麗莎郵寄給凱莎的信，在她去世後送達。信中提到，凱莎是她這輩子唯一真正的朋友。麗莎給凱莎的信中抨擊父母對待彼此的方式，她的父母整天你來我往的吵著離婚，爭奪關於她的監護權及財產等問題，但她所知道的事實是，她的父母都不是真心想要照顧她，沒有人會在意她的死活。

　　儘管麗莎故事的結尾非常不同於安東尼的，但這兩個孩子共享的特點，都是沒有一個成人（甚至是小孩子）能從外在的表現直覺出他們兩人內心是多麼脆弱與渴求被愛、被關心。他們兩個都展現出強勢、霸氣，從來不會為同儕著想的樣貌，但在虛張聲勢的堅強外表底下，他們兩人在現實生活中，都感受不到真正的被在意、被關心和殊榮性。總之，他們的共同點都是缺乏家人的關愛。

　　在這個世界上，外顯行為是我們判斷他人的依據之一。當一個孩子做出故意殘忍或公然侵略性的行為時，成人很難感受到行為背後的真正動機。然而，像安東尼和麗莎這樣的例子，唯一有幫助的方式，就是讓孩子們感受到被喜歡、被接受和存在的價值。

是否所有會去霸凌他人的孩子都因為家庭生活受苦？當然不。專業人士和家長是否因為他們意識到孩子的撫養過程不順遂，就可以原諒霸凌行為？答案也不全然是。事實上，霸凌他人的孩子無論是來自和樂培育支持的家庭或辱罵虐待的家庭，所有的孩子都有他自己的故事。唯有當專業人士和家長願意伸出援手來了解孩子的成長背景，並提供有用的協助，才能幫助孩子寫下快樂的人生故事結局。

練習

● 成長發展過程的需求您認識多少？

想想您生活或工作場合中的孩子，有誰傾向於使用霸凌行為：

- 在這些孩子身上有哪些成長發展過程的需求得到滿足？
- 在這些孩子身上有哪些成長發展過程的需求是缺乏的？
- 在考慮未得到滿足的成長發展過程的需求方面，如何改變您對這些孩子的觀感？
- 了解後會影響您對孩子下一次出現的霸凌行為的處理方式嗎？
- 您會如何在追究他為自己的行為負責任的同時，改變您處理的方法或策略呢？

霸凌他人的孩子的心理健康需求

霸凌侵略性行為就是加害者比受害者擁有更多的權力，進行屢禁不止的故意傷害他人行為。這些故意去傷害他人的行為，可由成長發展過程中，心理不健全和擁有不當生活行為習慣所預測，這些包括憂鬱、焦慮、藥物濫用（Sourander et al., 2007）和犯罪行為（Ericson, 2001）。單就公共衛生

和公眾安全的考量而言，專業人士及家長應該在這些故意去傷害他人的孩子還年輕，行為仍可改變的時候去親近他們。俗話說，小惡不改終成大惡。如果成人放任孩子小的殘酷行為，慢慢就會演變成輕微的情緒爆發，進而操弄孤立同儕，變成各種霸凌行為形式，甚至對家庭、學校和社區發洩，造成更嚴重的破壞行為。同樣的道理，成人付出小小的友善舉止和同情的行為，能為孩子創造出不同的世界，因為孩子們不再感到被孤立、自我貶抑和微不足道。

如何親近霸凌他人的孩子們

深入親近霸凌他人的孩子，幫助他們改變而停止攻擊行為，並不是一項複雜艱難的任務。相反的，正如我們在本書討論的，專業人士和家長可以做的一些最具影響力的事情，往往只需要非常簡單的投入。

使用正面積極的介入措施

許多孩子變成習慣性霸凌，因為他們已經習慣了成人對他們霸凌行為的懲罰。所以如果剛開始幾次的懲罰並沒有改變他們的霸凌行為，那麼無論再多的懲罰也不會令他們改變。對於那些只有偶爾霸凌的人，或參與某個同儕策劃的霸凌行動，或者一個特定的社交動態，被懲罰往往是根深蒂固的存在於家裡或學校的文化，失去了實際上藉由事件改變孩子不良行為的有效性。

馬里蘭州謝波德普拉特衛生系統福布什學院（Forbush School of Sheppard Pratt Health System）的 Abby Potter 說（個人通聯紀錄，2013 年 5 月 16 日），成功改變孩子的行為是成人必須攜手共創「可以做什麼」的文化，而不是創造一個什麼都「不可以」的環境。照字面上意義，用實際例子來說，我們可以對一個年幼孩子說：「請你談談你的感受。」而不是直接責

罵孩子說：「不可以打人。」當成人建立家庭、學校及社群規範時，創建「可以做什麼」的文化，鼓勵孩子尊重他人、善待他人，更能達到一個有效預防霸凌的水準。在建立的這些條件下成長的孩子，對環境的反應比較可能將積極正向的行為選擇擺在首位，然後如果他們真的不小心犯錯時，也能具體知道自己該做出什麼樣的改變。

練習

● 創建「可以做什麼」的文化

想想在您的生活或工作中接觸的孩子，其中最典型的霸凌形式。至少寫下三個您最近關心的事件，針對每一個事件，思考使用積極正向的干預去親近霸凌他人的小孩，鼓勵他／她在與同儕進行互動時，做出不同的選擇方式。

比較積極正向的干預與懲罰行為所造成的不同結果？用以上的三個事件，以您使用「可以做什麼」的文化還是「不可以」的環境介入方式，想想孩子會怎麼回答或反應。

♥ 以仁慈為出發點

長期教育家和生活空間危機介入研究所（Life Space Crisis Intervention Institute）創辦人 Nicholas Long 博士說，如果自私自利的問題孩子準備投入世界對社會做出貢獻，首先縱使他們並沒有做出什麼值得他人給予仁慈的時候，我們仍必須給予他們仁慈的對待。事實上，Long 博士認為「仁慈」是成人改變孩子的彈藥庫裡最強而有力的武器，可以將問題青年轉化成有前途的青年（Brokenleg & Long, 2013）。

專業人士或父母在他們目擊或察覺到孩子犯下殘酷的行為之後，仁慈並不一定總是自然地產生。但仁慈是從一個孩子能感受到被重視和支持的地方開始，持續不斷地給予，直到足以使他願意檢查自己的行為並開始做出改變為止。當準備好傾聽的成人親近孩子時，孩子會願意訴說他們的感受；相反的，當準備指責的成人接近孩子時，他們也往往會武裝防禦自己，並否認有任何不法的行為發生。所以，您想如何與孩子進行對話呢？這個答案真的取決於成人。

練習

◉ 您生活中的重要他人

成長的一部分意味著與一個接一個的重要他人互動。對於有些孩子與成年人相處，就如同呼吸一樣自然，但有些孩子與成年人的相處，衝突似乎是不可避免的。當您還是一個孩子時，利用以下提供的問題，想想您生活中的重要他人是什麼樣的人：

- 什麼類型的成人總是讓您很容易自在與之交談，坦誠感覺，甚至承認您犯下的錯誤？
- 這位成人有什麼具體行為讓您感覺安全、受支持和重視？
- 什麼類型的成人總是讓您自我防禦、憤怒或沮喪？
- 他們的哪些行為使您閉嘴不想說話或想離開？
- 您想要如何被孩子回憶，當他回想他兒童時期具有權威的人物？

♥ 好好傾聽

如金鑰 1 中所述，只有一小部分的霸凌是發生在有成人在現場的時候。所以，大多數成人都是在攻擊行為發生後才收到訊息的。非常常見的現象

是，學校裡的權威人物一開始與被強烈指控霸凌的孩子談話時，雖不一定有非常強的先入為主的觀念，也會是採用不完全令人信服的概念認為那個孩子一定有罪。在這樣的條件下，成人要好好傾聽是非常困難和具有挑戰性的，大多數成人都先預設立場只聽想聽的事件訊息。

不幸的是，為了進一步審問被通報是霸凌他人的學生而設的會談，會讓孩子感覺到成人並不是真的對他的說法感興趣，或真正嘗試想傾聽他的觀點，那麼他通常就閉嘴不說了。有關這個孩子的看法和想法的重要詳細訊息就會被遺漏，喪失真正連結的機會。

回到佳美雅和萊利的例子，很明顯的，雖是一個明確的霸凌事件，但侵略者實際上是一個隱藏的受害者。那些可能看起來像是一個大滿貫的指控案件，經常涉及很多層次的細節，重要的是全盤傾聽，才能理解整個霸凌現場的事實。當然有時仍然會出現所有層次的細節結果，就是非常簡單的指向某一個孩子的惡霸表現，但是其他時候，卻有一些重要的背景故事才導致發展成霸凌事件。成人了解這些故事的唯一方式與機會，就是好好傾聽每個涉及霸凌事件孩子的談話。

♥ 衝動取代

在金鑰 6 中，我們談到了一些孩子的多巴胺衝動經驗。部分孩子可以從霸凌他人時得到多巴胺分泌增多的經驗，增強了權力感並提高社交地位的滿足感。成人可以幫助孩子找到替代方式，來體驗大腦獎勵中心多巴胺提高的滿足感，這對終結霸凌將帶來積極的影響。比如可以利用運動來提高孩子的受歡迎程度，會比霸凌一個脆弱的孩子更健康；一個年輕女孩在舞臺上的表演，就是給她渴望的被矚目感覺；一個孩子在參加武術、舞蹈、志願服務或課後兼差工作時，比霸凌更能得到自我肯定的感受。對於每個孩子，取代多巴胺衝動的答案不全然相同，但任何能提供孩子積極正向強

化大腦獎勵中心回饋的東西都可以使用。成人可以連結孩子，幫助孩子辨別特定的活動，指導他們的優勢，朝向一個積極正向的成長道路發展。

♥ 實踐成長發展過程未被滿足的需要

這並不意味著一個全能的分類方式，而是一個重要提醒，提醒成人所有孩子的行為都是有目的的。孩子們表現出來的行為，都是為了滿足某些成長發展過程的需要。成人在確保孩子成長發展過程重要的需求始終能得到滿足上，扮演舉足輕重的關鍵角色。

歸屬感

對於一個缺乏歸屬感的孩子來說，成人可以集中努力，無論是在家裡，或在學校的餐廳、在課堂上、在一個團隊或一個社團，使孩子感覺被接受和受歡迎。孩子們可以從日常經驗的歸屬感受益匪淺，有時雖僅僅只是每天不間斷的花費十分鐘的時間與一個孩子聊聊，或每天早上問候時叫孩子的名字，歡迎他／她進入學校學習等，都是成人可以給孩子歸屬感的非常實用和非常有意義的方式。

個人權力

如果孩子以霸凌他人作為一種體驗個人權力的方式，那麼父母和專業人士可以透過提供有建設性的方式來達到。可以於家庭或學校幫助孩子尋找可以發揮一定自主權，展現領導力並做出獨立決策的機會。在金鑰 6 裡描述的好友計畫就是一個完美的例子，幫助促進一個社交精明的孩子，給他／她責任去使用積極正向的權力，指導和保護一個社會弱勢個體。

同理心

許多霸凌的孩子都有同理心缺乏的問題。如金鑰 5 中所述，集中式的

社交和情緒管理技能學習課程，可以持續幫助孩子增加對同儕的同理心。還有許多強而有力能讓孩子學習同理他人感受的方式，透過易地而處去體驗他人真正的感受來培養同理心。想想您自己的生活經驗：您是如何學會同理心的？您從讀一本高品質的書學起來的嗎？還是您像背記數學公式那樣強記的呢？上面兩者發生的機會是有的，然而您學會同理心，多半是因為您生命中幾個關鍵重要他人，在您的生活中，對您表現過同理心。事實上，不斷用善良和同情同理心去親近孩子的成人，是教導孩子學習同理心最佳、最真實的榜樣。

● 應對衝突和憤怒管理

　　霸凌他人的孩子通常衝突解決能力和情緒管理技能是薄弱的。想想您生活周遭掙扎於解決與同伴衝突或情緒管理技能很差的孩子。寫下至少三個實用的方法，幫助滿足這個孩子的這些需求。

🕊 對霸凌他人孩子不管用的方法

　　Bazelon（2013）指出，預防霸凌最大的危險是熱衷於懲罰活動，例如各種媒體為了吸引民眾的觀看或點擊率，合理化的大肆報導該事件發生經過及處理過程，多半熱衷於霸凌後的懲罰報導（稱為媒體引爆霸凌懲罰競賽報導），或是忙碌的成人在待辦事項中刪除一項工作，從發生的霸凌事件中挑出一個侵略者，並列舉這個孩子在事件中的表現，以此來滿足成人的勝利，而不是滿足孩子在學習上的需求、調整和成長。所以一個對成人參與預防霸凌規範方面的重要警告是：確保對霸凌者施行的活動目的，是能長期改變孩子的行為，而不是為了短期做給他人看的需要而設立的。

本章的最後，我們列出四種對霸凌他人孩子不管用的方法，這些方法無法改變會去欺負霸凌他人孩子的行為。

♥ 零容忍和驅逐

零容忍是美國學校最廣泛使用的紀律政策。它是基於既定的懲罰規則，不考慮當下的情況或來龍去脈，直接處理違反學校校規學生的一種政策。它是一種最單純的形式，是一種權宜的措施，是基於盲目的平等和正義的哲學而建立的。

然而，在其實際的應用中，零容忍政策常常使事情有更糟糕的意外後果。談到霸凌，研究顯示將霸凌他人的孩子從學校驅逐，並不能幫助他們改變，未來反而產生了更高比率的霸凌行為和輟學（Espelage & Swearer, 2010）。如果已經有效地幫助孩子們建立了與成人有意義的基礎連結，然後因為學校校規零容忍政策而切斷這些連結和驅逐孩子，就等於隔絕孩子、不接受孩子，讓孩子產生不被重視及不被愛的感覺，這些成長過程需求的缺陷正是餵養霸凌最重要的養分，所以當學校施行零容忍政策時，因霸凌而受的懲罰將是未來犯罪的導因。

♥ 同儕介入方案

我完全贊成同儕介入方案，但就是不贊成用於霸凌的孩子。不單單只是為了霸凌他人的孩子，我認為同儕介入方案能教孩子很多有價值的衝突解決技能，並尊重彼此提出的問題解決方案。然而對於會去霸凌他人的孩子而言，同儕介入方案可以成為一個虛擬的受同儕統治並制裁的舞臺。在受過訓練的同儕調解員、學校輔導員、教師和任何其他願意參與的觀眾面前，社交精明的惡霸孩子享受著可預測的多巴胺量的升高，因為他們以為得到了眾人的矚目，並且比社交不太精明的受害目標多出許多講話的機會。

如果被霸凌的孩子在同儕介入的場合回憶被霸凌的經過而哭了，這是會強化同理心缺陷的惡霸孩子；當然，在當下他並不會為自己霸凌同學而悔恨，反而強化他的同儕深深被他惡劣行為影響的感覺。利用下述的場景，想想一個同儕介入事件如何影響兩個國中男孩：

賈斯汀念的國中，有一個行政人員都喜歡，卻被大多數學生嘲笑的同儕介入方案。除了少數由校長選定的八年級學生外，其他的學生都認為這個計畫是一個大笑話。誰被送進同儕調解會，就等同於是被公開貼上嬰兒標籤一樣，而遵循同儕調解員的建議，大概是史上最不酷的一件事。

所以，當賈斯汀不得不向他的父母承認，他撕裂的那件新冬裝其實是在校車上與洛根打鬥的結果時，他的父母向校長報告了這件事。隔天，廣播系統廣播賈斯汀和洛根都必須到辦公室進行「同儕調解」時，教室裡所有的孩子都放聲大笑，賈斯汀和洛根都知道同學是在嘲笑他們。

同儕調解的標準程序，打鬥雙方必須同意在學校輔導員面前和兩個八年級調解員同時進行調解，洛根馬上同意了，相反的，賈斯汀說他不想參加調解。當被問及原因時，他並沒有回答。學校輔導員再次私下詢問，賈斯汀解釋說洛根幾乎每天都在校車上挑釁他，他知道調解不會改變任何東西。「調解只會使我的處境更糟糕。」賈斯汀爭辯說。學校輔導員回答：「如果你不願意參與這個調解過程，就是說你不想讓事情變得更好。對方試圖做正確的事情，賈斯汀，據我的觀察，現在你才是表現不合作的人，難道你希望我如實向你的父母報告嗎？」

賈斯汀感覺是被強迫與輔導員回到學校的調解室，他說著事件的經過，而洛根只是聆聽沒有說話。當輪到洛根有機會說話時，他承認他在校車上所做的一切事情，但他解釋他的行動只是單純試圖想讓賈斯汀在校車上更開放一些，跟大家多互動一些。「你知道嗎？我只是嘗試讓他和我們其他人一起笑。我只是想幫他多交一些朋友。你知道嗎？他被大家公認是校車上的魯蛇（失敗者）。」洛根繼續說：「我

是試圖讓他參與更多的對話，好讓他可以融入大家。我想這永遠不會發生在他身上了，他似乎寧願讓大家繼續認定他是校車上的大呆瓜。」

在洛根使用單詞「大呆瓜」那一刻時，一位八年級調解員快速打斷並提醒洛根不可以使用單詞「大呆瓜」，但仍允許他打著「試圖幫助」他的霸凌目標的幌子，繼續攻擊誹謗賈斯汀。最後，這兩個男孩被要求互相握手道歉和好，但沒有對任何一個男孩進行後果管理，沒有對發生過的行為懲罰或告誡，也沒有為他們兩個未來在學校或校車上的互動提供具體的建議。

賈斯汀比起以往的任何時刻都更加感到被羞辱了，他在全班同學面前被叫出去參加一個同儕調解會，迫使參加學校的諮商活動，學校讓他坐在洛根面前當眾被洛根羞辱，最後並沒有從整個同儕調解會中得到任何的改變。當他們走出調解教室時，洛根跟隨在賈斯汀之後，故意踩他的後腳跟，並低聲快速地對賈斯汀說：「魯蛇，校車上見，大呆瓜。」

賈斯汀和洛根的事件是最典型的同儕霸凌進行調解活動的實例。在調解事件中，同儕調解員自我感覺良好，因為他們相信自己已經在學校活動中表現出領導力；學校教職員也自我感覺良好，因為他們又劃去了待辦事項表列議程上的一個項目；霸凌他人的孩子更是自我感覺良好，甚至覺得自己很偉大，贏得了全校的認同。然而被霸凌的孩子，本來應該是同儕調解委員會要幫助的對象，卻在調解會後感到比以往任何時候更多的洩氣和絕望，因為他知道從今而後，在學校裡不會有任何人能看透侵略者的社交圓滑手段，未來也沒有人能保護他免受侵略者濫用幫助他的名義而霸凌他了。

♥ 受惡霸歡迎的社交技能學習課程

如金鑰 5 中所詳細描述的，霸凌他人的孩子可以從社交和情緒管理技能學習課程中獲得極大的受益，因為社交與情緒管理技能學習課程側重於

同理心發展、情感管理和社交技能的培養等。但是這些小團體課程必須由成人小心組成。因為當霸凌他人的孩子聚集在一起時，多半不是為了學習發展具類社會的社交技能的良好意圖，而是為了相互交換學習新的強勢戰略。當每位成員的唯一目的是將其他人推入深淵，就沒有任何同理技巧習得。將所有會去霸凌他人的 A 咖聚在一個房間裡，同儕控制的運行方向，將努力朝向胡作非為的方向邁進。

♥ 重建性正義

重建性正義是一種學校日益取代零容忍和驅逐政策的替代策略。它的目的是鼓勵霸凌事件的孩子雙方進行面對面的對話，來形成彼此的同理心，在這些對話的內容中必須涉及責任和彌補的計畫。重建性正義已被證明適合成人和兒童，是具有改變效果的方法之一（Centre for Justice and Reconciliation, 2008）。

然而，根據奧克拉荷馬大學聯合學區的健康行為經理 Barbara McClung 的研究，在權力明顯失衡的工作場所中的霸凌事件，這種重建性正義方法的效果極其有限（Brown, 2013）。如同同儕調解一樣，如果一個社交能力強大的孩子不願意合作，或不願真誠嘗試修復對被霸凌孩子所造成的傷害，重建性正義方法仍然無法有效運作。

✎ 讀者的挑戰

許多很棒的組織和個人，正在積極努力為孩子們提供富有啟發性的策略，來終結霸凌或應對霸凌，並同時教導旁觀者站出來為受害者發聲。許多教導終結霸凌的專家都同意強化旁觀者的訓練是很好的開始（我同意），並同意改變一個會去霸凌他人的孩子的行為，是終結霸凌中最困難的部分（我非常同意）。

但我和這些專家不同的地方是，我希望激勵您們跟我做同樣的思考——難道我們應該因為孩子的霸凌行為很難被改變，就放棄這方面的努力嗎？相反的，以我多年為問題孩子工作的社會工作師角色的經驗來看，我學到了兩個事實：

1. 最被成人疏遠的孩子，才是真正需要成人連結最多的孩子。
2. 作為一個對孩子有幫助的成人，您可能無法幫助所有您遇到的孩子，但您怎麼知道不是因為您的願意親近及介入，而幫助轉換了他的人生呢？所以您必須去一個一個與孩子嘗試建立連結，並幫助他們改變。

當您在思考該擔任終結霸凌的哪個角色時，我想要您想想所有接觸過的孩子，特別是那些您從來沒有想過能夠幫助的孩子，想想您能夠執行對她／他產生深遠且積極正向影響的策略。

十個親近霸凌他人孩子的實際可行策略

1. 願意超越孩子的霸凌行為，去理解、感覺、體會和思考驅使每個孩子霸凌行動的背後動機。
2. 教孩子健康情緒管理技能和自信的溝通技能。
3. 與霸凌他人的孩子一起練習建設性的問題解決方法，聚焦於以正向積極的、雙贏的方式來處理同儕衝突。
4. 早期介入霸凌他人的孩子的生活，幫助改變消極行為模式，並預防慢性心理健康問題。
5. 盡您所能的讓孩子有一種強烈的被愛和歸屬感。
6. 不管是在您的家中、教室或小組聚會時，每次都要以名字和微笑來迎接所有走向您的孩子，幫助他們感覺到有所連結和存在的價值。
7. 為孩子提供能體恤他人、並有利於所有孩子的同儕領導機會。
8. 〈看一眼問題；聚焦優勢〉（Glance at problems; gaze at strenghs）

（Chambers, 2012）。孩子仍應對自己的負面霸凌行為負責，但應該花費您大部分的時間，去培養他們積極的個人特質，以及類社會行為方面的優勢。

9. 創造一種「可以去做什麼」的文化，而不是一個「不可以」的環境。

10. 縱使在孩子的行為無法激發您良善與仁慈的感覺時，仍然要以仁慈的態度去親近孩子。

　　不久之前，一位朋友暨前同事向我表示在她工作的小學裡，當她開始決定使用我的書《友誼和其他武器》（*Friendship and Other Weapons*）（Whitson, 2011a）裡的課程時，學校的管理者卻傳來禁令，理由是「學校不打算和孩子們談論有關霸凌的問題，因為這意味著學校裡有發生這類的問題」。

　　打開沙箱，把頭埋進去吧。

　　一些人像上述這所學校裡的成人一樣，寧可選擇對霸凌問題視而不見，以保有他們在社區裡的顏面，甚至犧牲需要提供服務的孩子的信任。還有一些拒絕談論霸凌的成人，卻有非常相反的原因：他們非常關心孩子的福祉，但當他們發現介入的措施並沒有辦法發揮效果時，常常令他們感到非常痛苦，所以選擇不去談論霸凌。

　　在紀錄片《霸凌》中，亞歷克斯是一個因被無情的同儕肉體折磨，而尋求學校工作人員幫助的人。在這個實例中，亞歷克斯向紀錄片製片人報告了一個施暴者坐在他頭上的事件，他向學校通報，但令他失望的是「沒

有任何一個人對他做了什麼處置」。紀錄片製片人詢問亞歷克斯通報的那位學校教職員，她對該事件卻有著非常不同的說法，她堅持當時確實有介入處理，她有與施暴者談過話，並且已經解決了問題。從她的觀點來看，施暴者沒有再坐在亞歷克斯的頭上，就是她完美處理事情的證明。至於那個施暴者是否繼續使用其他無數的方式欺負亞歷克斯，似乎跟她一點關係也沒有。除了她簡單快速、單獨與施暴者的一席談話外，沒有後續追蹤的行動來確認她的介入是否有效，這正是我所謂成人式的「介入然後期待」模式。兒童發展專家 Robyn Silverman（2012）指出：「一無所知可能是幸福的，但它不能有效終結霸凌。」

也許這個學校教職員的問題是一種無助感，隨著開著的電影攝影機運轉著，她的專業信譽和孩子的福祉正被公開在群眾面前，她說當時她感到迫切需要找到一個快速的解決方案，迫使整個事件的處理看起來有效。當時她也可以選擇繼續追蹤問題，但她害怕只是找到越來越多的問題，將帶給她無法控制的無助感，所以她認為最好不要繼續追蹤事件的發展。

可悲的是，不單單只有這個成人有如此的回應方式，許多成人不顧一切真誠地試圖為孩子做一些管理霸凌事件正確的事，但卻因為對此議題專業上的自抑不如，以及被事件的複雜性和挑戰性所壓倒，而選擇不再繼續追蹤。然後說服自己這個問題已經不存在了，或者已經由一個簡單的介入所解決，來使他們的焦慮水準下降，而不去在乎是否有一個脆弱的孩子，實際上是在我們認為已經清除障礙的安全路上又再次跌倒了。

還有一些成人嚴謹地從風險管理來透視霸凌事件，這些成人不擔心如何去改善孩子們的友善學習學校文化，只關心有關他們自己的升遷與福利。對他們來說，了解整個霸凌當下的狀況已經足夠了，更不要提是不是要介入？介入的策略是否有效？聆聽的過程是否真誠？是否有訊息不足等問題？從法律的角度來看，這些成人確實履行了他們學校或組織的禁止霸凌政策

規定的明確義務，雖然他們的良心是再清楚不過，他們其實只是關心自己的升遷福祉。換句話說，懲罰了施暴者之後，從此他們不想再談論霸凌。

成人必須超越地方政治、學校政策和個人升遷福祉的不安全感，以便真正地為孩子而存在。當拒絕面對問題時，孩子是無法安全的，因為孩子將喪失學習人類相處不可避免的衝突管理技能。從另一方面來看，與孩子打開關於衝突、友誼，以及如何成功地在同儕兩方波濤洶湧的衝突對話中安全協商的談話技巧，是一個向孩子顯示您明白在他們世界裡重要的東西、您很關心他們，以及您願意傾聽他們經驗的簡單方法。在這本書的最後一支金鑰，我們將談論關於如何保持霸凌開放對話不間斷，並持續聚焦於有效的介入措施的策略，實現真正終結霸凌的目標。

🕊 我們只是比較常談論霸凌嗎？

在我以前的演講和我平時的交談機會經驗裡，專業人士和父母經常問我關於霸凌的問題是：「現在的霸凌真的比我們是孩子時更糟糕嗎？或者是我們只是比較常談論霸凌罷了？」

我對這個問題「現在的霸凌真的比我們是孩子時更糟糕嗎？」的回答總是一個加重音的「是」。

全天候可使用的手機、發簡訊、電子郵件和社交網站，加劇了霸凌的影響，孩子用私人的方式公開侮辱、傳播謠言給大規模的觀眾。同時，爆料性的書籍、電影和媒體報導，已經對年輕的世代造成一種揭露他人隱私的流行現象。

當我第一次涉入霸凌的混水時，我的直覺告訴我，我是在探索一個波濤洶湧的未知水域。現今發生的霸凌事件，不管在年齡和質量上都和我們還是孩子時不同，更糟糕的是，比以往任何其他一個世代都還要糟。雖然

回想那時當一個先驅者的感覺還挺有趣的，但現在我則謙卑地對霸凌議題有不同的看法了。我涉入終結霸凌工作這些年來，無數的成年人慷慨地與我分享他們小學、國中和高中時代被霸凌的經驗，有的甚至已經經過了四十幾年，或許您可能會期望他們的痛苦在多年的生活經驗和長大成人之後有所改觀，但當他們一遍又一遍地重述著當年殘酷的故事時，表現出來的情感，與我現在聆聽孩子陳述被霸凌的情感是一樣的。所以，我現在堅信無論是在孩提時發生霸凌的當下或幾十年以後，受害者在談論被霸凌的經過時，都一樣令人感到無法忍受的殘酷。最近的研究發現，出版品和媒體對霸凌的關心，給了過去及現在無數的受害者一種發聲分享他們經驗的地方，讓他們意識到他們並不孤單。

「我們只是比較常談論霸凌嗎？」人們這樣問我。

「是的，」我回答。「終於，我們比較常談論霸凌了！」

現在，我必須說提問題的人和給答案的人之間通常有一點差異，我明白有些時候，某些專業人士或家長問我：「我們只是比較常談論霸凌嗎？」他們的問題源於懷疑論，其實他們真正想問的問題是：「我們會不會只是誇大了霸凌問題？」

有趣的是，我很少一開始就有機會回答這樣迂迴問題問法的人。因為在一個團體聚會談話或是演講的場合，這個問題通常會被那些經歷他們孩子受霸凌之火灼燒過的父母第一個站出來回答，他們用心痛的情緒陳述著關於他們孩子如何遭受無情霸凌的經驗，已經足以代替我的回答了。我甚至會加碼挑戰在場的任何人，問如果當他們聽到有個母親描述她的女兒每天收到不同的人發簡訊說：「殺了妳自己吧！這樣就可以結束這一切了。」時，是否還能維持「孩子只是個孩子」的心態？說真的，我還沒遇見過任何參加工作坊的人，在聽了一個 14 歲的女孩承認她曾企圖自殺失敗數次，絕望的度過被學校的「朋友」稱為「妓女」（至今她仍是個處女）和「毒

癮者」（她從來沒有使用過毒品）的無止盡三年高中歲月經驗時，還能抱持孩子間的霸凌造成的傷害到底能有多深的懷疑。

我並不會麻痺於聽到孩子、父母、老師和輔導員陳述的霸凌故事，我反而因孩子必須面對花樣百出的侵略類型而感到更困擾、更震驚。所以當有些成人可能如此暗示「我們會不會只是誇大了問題？」時，曾經處理過或經歷過孩子霸凌事件的人通常會跳出來回答：「你沒遇過當然不知道。」保持關於霸凌的開放性對話，並持續溝通，是我們繼續在孩子成長的道路上偶爾出現陰影時發出亮光的方法，也是讓我們能夠終結這一長期存在問題的唯一方式。

🕊 當霸凌事件被學校冷處理時，父母可以做什麼？

當父母向學校教職人員報告真正的霸凌事件時，學校冷處理的態度或徹底忽略的情形是另一個常讓父母感到挫折的話題，往往也令他們最絕望。儘管學校餐廳牆壁上有「零霸凌」的海報，且有秋季返校之夜霸凌零容忍政策的宣導，但許多家長說他們的實際經驗是，孩子的學校根本不想面對和解決霸凌這個問題。當家長通報學校發生霸凌時，他們從學校教師或管理人員那兒只得到以下這些簡單的口頭服務：

● 我沒有看到它發生，我不能因為您孩子的話就認定它發生過。
● 孩子只是孩子，您知道的，沒事。
● 這種事總會發生，它很快就會銷聲匿跡、煙消雲散的。
● 您的孩子臉皮太薄了。
● 您指責的孩子是模範生，也是學生委員會的副主席，我不相信她會做那樣的事情。您確定您的孩子沒有誇大其辭嗎？

事情是這樣子的：當孩子鼓足勇氣找時間告訴成人她所遭受到的同儕

折磨時，通常表示她已經用盡了自己能處理這個問題的所有應對技能了。孩子可能已經試過忽略被欺負、避免與攻擊她的人接觸而再次受折磨、以堅定的方式自信的站出來反擊、徵召朋友的支持，以及使用幽默方式來扭轉被欺負的嘲弄等。孩子可能已試著關閉臉書帳號、停止發簡訊，希望讓自己可以跳脫科技技術的循環，給自己一些喘息的機會。然而，當霸凌仍然存在時，孩子感到無助、痛苦，甚至已經開始有點不信任她收到所有來自成人如何應對霸凌的建議，因為沒有一項建議發生效用。最後，她決定冒著被羞辱和恥笑的感覺，找到機會向她的父母報告關於學校發生的霸凌事件。

所以當父母決定打電話給孩子的老師，通報這些日子以來發生的事情，包括霸凌者的名字、殘酷的簡訊內容、在午餐時受到排擠、在大廳被取笑嘲弄、在校車上推撞，以及身體傷害的口頭威脅（如前一天的警告「如果你明天敢來上學，我就斃了你」），對許多父母來說，向學校尋求援手是很困難的。具保護性的主要照顧者都非常相信，他們有獨立能力為他們的孩子做出正確的事情，所以，當父母與這些主要照顧者非常有信心的相信，他們已經採取了所有的正確步驟，獨立管理自己孩子的問題，但霸凌事件（包括孩子的絕望）仍是越來越糟，父母和主要照顧者只好不情願地打電話給學校老師。許多父母都告訴我，當他們終於決定要向學校通報時，最初，他們的內心其實有部分因終於能得到專業人士分擔他們孩子的問題而感到緩解。

然而，通常他們的緩解往往是短暫的。

當我跟父母談論孩子的霸凌經驗時，越來越多的家長跟我分享他們這種因為擔憂學童安全轉而向學校報告的共同經驗。父母問我：「我到底該怎麼辦？當我向學校通報霸凌，而得到學校的冷處理時，我到底該做什麼？」

這是我們常有的對話。首先，讓我們談一談關於為什麼有一些學校教職人員會對父母通報的霸凌事件冷處理。我在金鑰 1 中談論所有終結霸凌的障礙，包括學校工作人員如何輕易錯過了隱藏的霸凌事件、那些永無止境的待辦事項列表如何消減教師對霸凌的介入時間、「孩子只是個孩子」的心態如何允許一些成人很大限度地忽視霸凌的問題，以及莫大的無力感如何壓倒成人的關懷和善意。

在談完了為什麼一些成人冷處理霸凌事件的各種原因後，我喜歡與父母一起合作策劃關於追求學校教職人員關心的現實可行方法。我要強調的是，對大多數孩子而言，向父母坦承自己是同儕霸凌的目標，是需要很大勇氣的。這是一個非常痛苦和被羞辱的經驗，即使是面對孩子們最信任的父母，他們的受害經驗仍很難直接用言語揭示出來。所以，當孩子向父母通報被欺負時，父母必要做的事情是，尊重孩子的分享並稱讚他們信任自己而勇於坦承的行為。

當我告訴父母，準備好超人披風擔任反霸凌英雄時，我並沒有誇張這樣的說法，因為在許多情況下，這就是父母對現狀的挑戰所要做的。對每個霸凌的個案而言，這正是孩子們所盼望的父母親角色。所以，當父母向學校通報霸凌事件，卻被學校冷處理時，父母到底可以做什麼？

♥ 談話、談話、再談話

霸凌者首選的方法是孤立受害者，所以父母對抗霸凌最好的策略就是去接觸盡可能多的成人，直到確保該霸凌者不再繼續侵略。如果您已經接觸到您孩子的老師，但卻收到一個冷淡、不感興趣或淡淡的反應，不要退縮，繼續聯繫學校其他教職人員，最好是比該位導師職位更高一級的人員，以確保您反應事件的聲音（更重要的是，您孩子的聲音）有被學校聽到。

但並不是一個情緒性的反應，就要求當下與學校管理階層開會，也不

是請求學校安排教師、輔導老師、社工師及校長到場的會議。如果學校仍然選擇忽略反應的事件，家長應該轉向學校的家長委員會組織、地方學校組織委員會和學區督學，甚至必要時向當地警察局報案（如果父母擔心他們孩子的安全）。

父母也應該與他們的鄰居和其他父母談論發生的事情，我必須提醒父母，在與其他成人談論時，不要猛烈攻訐學校，或講關於霸凌孩子的霸凌行為八卦，這樣會損害自己的正直性。而是應該用一種確保交談的對象是可以招募進來一起幫助解決處理事件，且以最終能終結霸凌的態度進行。

另一個建議是父母可以利用網路線上資源，有很多部落格可以提供豐富的支持與指導，對孩子被霸凌的父母給予非常實際可用的建議。所以，當父母不能說服學校人員採取立場做出行動時，也許媒體可以，媒體對宣傳反霸凌是越來越感興趣的。如同霸凌預防專家作家——Jacqui DiMarco（2011）建議父母親「成為史上最令人愉快的鬧事者，直到您拿到您要的解決方案」。

♥ 記錄、記錄、再記錄

父母和主要照顧者要記錄下孩子這件至關重要的霸凌事件處理過程，盡可能記錄下越多的細節越好，因為光靠腦海裡留存的記憶往往很短暫，霸凌的細節容易因為時間的進展慢慢被遺忘和被其他情感所扭曲。所以當父母聯繫孩子學校的教職人員時，他們就應該做筆記，筆記的內容包括找了誰、什麼時候和談話的內容。嚴肅看待霸凌事件，想為孩子帶來改變的父母，應該盡可能記錄學校人員的答覆與用詞。我甚至建議家長應該在與老師、輔導員或校長會面之前，也要寫下見面期待的對話目的。因為這樣做可以在會談之後，使父母可以清楚地提出任何商定決議後的書面文件給校方，並要求所有相關的雙方應該都要具名簽署以表明他們的同意。

　　記錄對話內容、決議和協商後的計畫行動，可以協助父母和學校人員在這個敏感的情緒性期間，保持在事件進展的共識上。建立文件紀錄並不是一個「啊哈，抓到你了！」的想法，而是一種有效將所有相關單位的訊息、指導、是否知情、目標和建議保存下來的方式。

　　對於有個別化教育計畫（Individualized Education Program, IEP）孩子的父母，應該考慮要求學校制訂包括關於反霸凌的目標在您孩子的 IEP 裡。清楚敘述目標，包括學校教職人員在接到家長反應霸凌事件時，應採取何種具體行動。IEP是具有法律效力的文件，因此學校對內容的陳述是非常認真看待的。建立一個具法律效力層次的反霸凌行動IEP，對保護父母和孩子是重要的。更重要的是，納入霸凌主題的IEP將確保終結霸凌的最後目標，所以應該在每次的 IEP 會議舉行時，重新審視並修訂您的孩子反霸凌的目標內容。

♥ 堅持、堅持、再堅持

　　Rachel Simmons（2011）寫道，當一個孩子不認為她的情況將會有所改善時，父母展現的力量對孩子而言是非常大的鼓舞。事實上，父母可以為他們孩子做的最重要事情，就是展現剛毅、果斷和堅持到事情充分得到解決為止的決心。這種意願傳遞給孩子一種關心的訊息，讓孩子知道他們的安全是至高無上的，而且值得您花時間和精力。

　　請記住，當一個孩子告訴父母他／她被欺負的時候，其實他／她已經自行處理相當長的一段時間了，而且是感到精疲力盡和士氣低落才會求助於父母。當父母表現出相信孩子的通報，認真對待，並願意站出來堅持為孩子發聲，孩子的自我價值會再次開始成長。

　　公眾服務的公告和海報叫受害者站出來勇敢面對霸凌者是毫無意義的，因為很多時候當孩子和家庭鼓起勇氣向學校報告時，他們通常會遇到難以

置信的，被學校教職人員拒絕或冷處理的結果。成人應該要傳遞什麼樣的訊息給孩子呢？還有什麼是比違反孩子的信任和創造一種絕望和無助的感覺更糟糕的？成人不能以這種方式繼續傷害挫敗的孩子。

當孩子一直遭受某群特定的同儕無情的霸凌時，有些父母選擇具爭議性的做法，要求學校允許他們的孩子轉換班級，或直接轉到其他學校。反對學生轉班或轉學的人士認為將學生從麻煩的情況中移除，等同於剝奪孩子們直接學習處理霸凌衝突的機會。我採訪過的某個父母堅持：「在現實生活中，你總不能逃離那些討厭的鄰居或不好的工作環境，所以孩子需要知道他們無法選擇逃離那些騷擾他們的人。」雖然孩子可以從發展獨立管理衝突技能中受益，但一直讓孩子處在一個無力量狀態，也是沒有任何好處的。

事實上，改變學習環境在某種程度上將孩子從受迫害的環境移除，並不等同於保護他們遠離所有的逆境；而是一個值得信賴和同理的成人願意站出來採取明確行動的表示，目的是為了確保孩子的身體、情感和心理安全。但是我不推薦家長一開始就採取轉換學校這種輕鬆的解決策略來因應學校同儕的衝突，我只支持必要的時候才採取如此果決的轉學行動，以消除孩子所受的同儕傷害。以下這個高中二年級個案的例子，就是轉學這個行動救了他的生命：

塔克是一個在保守派私立基督教高中就學的 15 歲學生。學校教職人員堅信同性戀是一種罪惡，所以雖然他們應該擅長教導學生同情和寬容的一般學校價值觀，但他們卻主動使用貶損的語言向孩子們介紹關於同性戀的話題。

塔克回憶起小時候，他記得許多孩子告訴他，他長大將成為同性戀者，因為他參加了各種社區的戲劇活動。當他上了高中時，假藉他的性向認同而霸凌他的情況已經變得越來越惡毒了，從更衣室裡肉體的攻擊，到許多孩子們盯著看他淋浴並指責他，還有幾乎不曾間斷的

言語嘲諷和暴力威脅。塔克每天都害怕到學校，他的成績下降，他的體重減輕，他每晚都失眠。

　　小學和國中的時候，塔克試圖自己應付遇到的霸凌問題，但到了高中一年級，他被這些霸凌行為壓垮了，所以他決定告訴他的父母學校發生的事情。起初，塔克的父母低調的指示他，忽略欺負他的那些孩子。但當他們看到塔克的成績一直在退步，以及他越來越被同儕排擠邊緣化，於是，他們採取了正確的步驟，聯繫學校人員，要求教師採取行動和保護他們兒子的安全。塔克的父母都畢業於這所基督教高中，而且本身是很活躍的家長委員會成員。他們很快地捍衛學校工作人員，很慢地才做出學校對他們的兒子而言，是一個不健康的學習環境的結論，但經過了 18 個月，他們蒐集記錄了許多具體且用文字記載的關於身體、言語和網路霸凌的事件，於是塔克的父母心痛的決定為兒子轉學。

　　塔克在高中二年級期中轉到鄰近城鎮的公立學校，他自己說：「絕不後悔，永不回頭。」他的成績在學校榮譽榜上，他的體重恢復正常，他能安穩喜悅的睡覺，他交了一群接受並支持他的朋友。塔克說他仍然因疑似同性戀被新學校的學生嘲弄，但他覺得安全，因為他知道新學校的教職人員在發現事件發生時，會進行即時的介入，而且他有很多朋友隨時在他需要的時候支持、幫助他。

　　在高中畢業典禮後的慶祝午餐聚會上，塔克告訴他的父母，他們為他所做最好的事情是，把他從基督教學校轉出。他的父母詢問塔克為什麼會有這樣的感受，他說他知道轉學這一個舉動對他的父母來說真的很困難，因為他們與學校的連結是如此的深厚，然而他們竟然願意為了保護他的安全，以及表達對他整體生活的最大支持，在每天多走一英里路的情況下，選擇替他轉學。

　　當天，他也是第一次向他的父母透露，在基督教學校高一那一年，他曾認真考慮以自殺來逃避他已經忍受了幾年的學校霸凌。他向他的父母解釋：「在我不知道有轉學這一個選項之前，我想不出有任何的方法來幫助自己逃離這些每日都會發生的折磨，唯一知道的只有我不

能這樣繼續生活下去。離開基督教學校讓我經驗了一整個不同的幸福與和平的感覺。在轉學之前，我已經失去了活下去的信心和盼望，直到轉入這所學校的第一天開始，我才又燃起了繼續活下去的希望。」

練習

● 如何成為孩子的捍衛者？

您有沒有遇過必須去捍衛兒童的權利或需要的情境？那是個怎樣的情形？後來無論有什麼障礙，您是怎麼去確保您所捍衛的兒童權利或需要有被相關單位重視並採取適當的改善行動？您如何應用這些經驗幫助孩子面對霸凌的需要？

學校如何讓關於霸凌的溝通持續不斷

學校和青少年服務組織擔任的要角將談論霸凌的問題放在人們心上。若他們夠明智，就會聚焦在持續性預防的努力，並持續的培養學生尊重多元文化，而不是如何吸引更多的媒體關心如何懲罰施暴者，以及危機導向的故事上。在結束本書之前，我將介紹學校和青少年服務組織可以採用的三個實用策略重點，並集中於積極的解決方案，以終結這個長久持續被討論的霸凌話題。

♥ 進行全校性的調查

就像俗話說，評估方得以解決問題。一個終結霸凌的最佳方式，就是對學生和教職人員進行定期性的關於學校學習氛圍、同儕關係和霸凌行為訊息的調查。以下是哈佛大學教育研究院（Harvard Graduate School of Edu-

cation, 2013）建議的有效調查策略：

- 學校每年應進行兩到三次的調查。分別是在學年一開始、學年中及學年末實施反霸凌計畫進展評估，並根據評估結果調整介入措施。
- 調查的問題內容應涉及：
  - ◆ 霸凌發生的頻率、時間和地點。
  - ◆ 學生是否有可信任的同儕和成人。
  - ◆ 學生和學校教職人員是否都相信學校存在的核心價值。
  - ◆ 學生是否有憂鬱症、焦慮症的症狀和寂寞感。
- 調查可以簡短，並匿名進行。
- 學校應指定領導管理階層人員代表、教師代表、職員代表、家長代表和學生代表（如有可能）審查調查蒐集的數據，並製定未來改善行動計畫。
- 調查的結果應該與整個學校分享，以利創造變革的動力，並建立真正的問責制度。

　　任何學校都可以從學校反霸凌的調查結果中受益，不單單只是那些已經發現有霸凌問題的學校。實事上，使用學校全面性調查的最大收益之一，是發現學校工作人員以前不知道已經存在的學校學習現狀表面下，真正波濤洶湧醞釀中的或已經進行的霸凌事件。

　　對於那些可能擔心攪皺一池湖水的人，請放心，因為這是全面匿名的調查，不會導致更多的霸凌，也不會創建假陽性霸凌數據。相反的，良好的資訊蒐集方法可以拉開窗簾，讓隱藏的侵略行為曝光，否則學校整體的腐蝕文化，終將危害全校的學生。

♥ 為學生、學校、家長和社區成員計畫的活動

　　全校性的活動把人們拉在一起，當學校願意奉獻時間和資源主辦一個活動時，代表學校強烈希望表達關於整體價值觀何在的聲明給計畫者與參

與者。能有什麼比學校自豪地發表，優先考量有關學生身體、情感和社會的福利聲明更重要的事？全校的活動可以是以大規模或小團體的方式進行，可以是輕鬆或嚴肅的，付費或免費的。學校贊助的霸凌預防活動想法，應確保所有學生、教師、家長和社區成員皆參與以下的霸凌預防內容。

教職人員在職培訓

專業人員規定每個學年必須參加一定的繼續教育時數，大多集中在有關嚴謹的教育學術事務上的繼續教育課程，但還是有足夠多餘的時間可以為教育工作者提供有關理解、識別和有效應對學校霸凌事件的技能。理想情況下，這些教職員工在職培訓機會應該超越政策面條文的課程，而是真正吸引教師興趣可以實踐終結霸凌的策略，容易在教室裡實施的方案，且讓他們有信心在日常行動中改變學校霸凌文化。

學校可以選擇由學校外面的反霸凌專家來領導訓練，因為有時候外人提供新的觀點、教授新的想法，是激勵工作人員最好的資源。但從另一方面來看，從外面來的人，不總是能得到學校或組織所有成員的信任。學校的教職人員經常會懷疑聘請來的專家顧問是否有足夠的能力了解學校特定群組教職人員的工作性質與內容，進而能夠提出相關的建議。讓我們彼此坦誠吧：學校某些專業人士就是厭倦了這些外面來的所謂「專家」進到學校裡，告訴他們該如何做他們的工作。

很多時候，一個受過良好霸凌預防訓練的學校成員，反而是員工在職培訓課程裡一個理想的內部促進者。另一個明顯的好處是內部員工可以對在學年內發生的任何霸凌相關事件，提供校內相關人員指導和諮詢。最後，在內部員工中培訓講師對預算緊縮的學校來說，往往是成本效益最划算的選擇。

教育者也可以選擇與鄰近區域的其他學校的專業人員合作，來進行他

們的霸凌預防訓練。霸凌戰略合作夥伴關係是彼此匯集資源和分享新想法，並從中受益的好方法。由不同的幾個主講者組成的小型會議，也是一個很棒的方式。可以提供多個關於反霸凌的視角和各種介入方式的想法，同時也可以充當學校的公關機會，向整個社區證明學校終結霸凌的承諾。

給孩子的活動

當涉及規劃全校性的學生活動時，有各式各樣的可能性。年幼孩子經常最愛書籍作者來校訪問演講的活動，作家朗誦出書本裡關於霸凌的虛構故事，並在書上簽名作為一個難忘的紀念品送給學生，是令孩子興奮參與的活動。對於小學高年級和國中學生來說，傳統授課式演講相對較難被他們接受，但有經驗的演講者可以設計創造一些有意義的活動，挑戰他們以全新的方式思考霸凌。例如，教導旁觀者成為盟友的實用方法，以及孩子應付霸凌需要的技能等，可以特別授權給學生用實際行動的方式當場分組演練，以利將來他們實際看到霸凌發生時就可以運用。高中的孩子可以直接從演講的投影片文稿中獲益，高中孩子關心的重點是電子科技對同儕關係的影響，以及關於網路霸凌相關的現實法律問題訊息。

本書最後可用資源列表的一部分，提供學校教職人員在職訓練和訓練孩子演練時，可用的課程來源組織和演講者名單。

給家長的社群論壇

為父母和照顧者提供關於霸凌教育的機會，通常不如為專業人士和孩子們提供的那麼豐富。各個學校的家長委員會是社區教育論壇完美的贊助商，不只提供訊息，同樣重要的是建立學校教職人員和父母之間夥伴關係的感覺。因為典型的父母和教育者在學校霸凌事件的動力鏈上是互相反對彼此的，透過使用教育論壇可以建立持續的對話機會，使所有成人聚在一起用共同語言達成共同的目標。當父母和學校成為合作夥伴時，孩子們是

最大的贏家。

　　此外，孩子們的父母通常各自上班工作，雖然孩子們每天在學校裡互動，但父母卻很少有碰面互動的機會。學校贊助的教育論壇提供父母們彼此有機會相遇、交談，在一個共同一致的終結霸凌目標下互動，感覺他們不是獨自在為支持他們的孩子而努力。

● 特別電影放映

　　當 2012 年紀錄片《霸凌》發布時，也同時推出了 100 萬兒童霸凌計畫運動，希望至少有 100 萬名學生分享這個紀錄片。學校到處邀請學生和工作人員安排電影放映，並提供免費材料指導群組討論。專業人員繼續鼓勵國中和高中組篩選紀錄片來觀看，將其作為關於談論霸凌重要對話的跳板。在電影中出現的現實生活故事，提供引人注目的小組討論和自我反思的題材。雖然電影中大部分的內容是令人心痛的，但正因為這種情感，才非常適合群組一起來討論為什麼霸凌對孩子會有如此重大的影響。電影放映和討論的訊息可以在 www.thebullyproject.com 上獲得。

♥ 授權給學生主導策劃的活動

　　通常對於終結霸凌工作構想的最佳來源是孩子們自己。畢竟，當談論到學校發生的社交動態波動，他們才是真正的專家。同樣的，學生也是了解採取什麼樣的反霸凌舉措最好的人選，他們能夠真誠地與同儕交談，激勵彼此真心地改變霸凌行為。

　　研究人員發現，以學生為主導策劃的活動要發揮效用，應該滿足以下兩個條件（Collier, Swearer, Doces, & Jones, 2012）：

1. 學生主導策劃的活動要有效，需由一個訓練有素的成人支持與協助。
2. 可以讓不同群體的學生參與並激勵其他學生的人，往往比那些只想自

已操作的學生更能有效成功擔任策劃的主導者。

學校支持協助學生主導策劃活動的成人，必須能輔導學生策劃整個學年的活動，而不是在一年中的某一個時間點召集他們，進行一次性的聚會策劃一個反霸凌活動而已。反霸凌活動最好是融入學生的日常生活中，而不是只舉辦一個短暫的單一霸凌意識週或反霸凌活動月而已。

練習

● 使終結霸凌運動成為可能

您如何在學校、社區，甚至家庭創建最好的條件，讓孩子領導一個反霸凌活動，並改變破壞性的社會規範帶來終結霸凌的作用？記下至少三個您可以促進孩子帶領同伴走向積極社會變革過程的具體行動。

♥ 「你是在要求我刻意站出來嗎？」

在賦予學生主導活動的權力時，一個很重要的考慮因素是，許多學生花費大部分他們醒著的時間，試圖不要脫離人群，或者以任何方式搖晃整艘船。事實上，融入人群通常是孩子避免成為霸凌目標的第一道防線。孩子們必須先相信他們是安全的，他們才能有信心願意自同儕群體中脫穎而出擔任領導者。

正如古諺語所說，人多勢眾（There is safety in numbers）。學生主導的終結霸凌活動是金鑰 6 中討論的好夥伴計畫活動的理想工具。當一個來自高社經地位的學生與易受傷害學生配對成學習夥伴時，是促進發展基層防治霸凌的方式，互相可以強化對方的成長動力，並激勵學校各個層面社交等級的其他學生一起參與終結霸凌的活動。而成人明智的留在孩子們的背

後，並允許學生身體力行，充分發揮領導力驅動反霸凌活動；專業人員則發揮功能鼓勵孩子的聯盟，協助構建成功可施行的項目，並支持孩子們每一個反霸凌運動的步驟與策略。

學生主導策劃的活動就像他們自己一樣的多樣化，但以下幾個活動和小組的想法，可以讓孩子們在自己的學校和社區發起。

請願書

近年來，像 Change.org 這樣的網站，使得單一個人專屬的願望，可以透過網站從一個人向大規模群眾請願。不用挨家挨戶的蒐集簽署，只需要透過點擊滑鼠，請願就可以達到一定的數量。2012 年，只有 17 歲的 Katy Butler 發起改變限制級紀錄片《霸凌》成為滿 13 歲即可觀看的輔導級請願，使紀錄片《霸凌》可以提供給大規模的青少年觀看。她的請願書獲得了超過 50 萬的線上簽署，幾週後，美國電影協會確實改變了該電影的評級，Katy 成了年輕人想站出來終結霸凌的榜樣。

起誓

起誓是學生們努力讓一大群人承諾參與終結霸凌行為的另一種方式。一個接一個，隨著每個人簽署具體的誓言，整個學校和社區都在提高他們具體的反霸凌意識，他們可以採取行動改變具破壞性的社會規範和支持正向積極的活動。有效的誓言應由正在啟動活動的學生來書寫，並融入學生期望的特定行為（例如：「當我看到霸凌發生時，我一定會做一些事情，我不會只是走開或假設會有別人介入來阻止它」）。雖然誓言肯定是沒有法律約束力的，但起誓的動作是學生一個重要的價值觀承諾的經驗，並且在創造一個行為文件誓言的同時，召集數十個同儕一起發誓信守反霸凌諾言，是學生展現強大領導行為的表現。

藍色 T 恤

藍色是反霸凌意識的慣用顏色。在指定的某一天，發起一個易於組織學生的活動，邀請每個參與此活動的人穿一件藍色圓領運動衫，作為支持和團結孩子的表現，也是反霸凌和終結霸凌的一個承諾，這是孩子渴望積極融入的活動類型。也可以在背包或夾克上綁藍色絲帶，作為支持霸凌預防的每日提醒標誌。

反霸凌健走

想像學校走廊一片藍海的景象。更好的是想像聚集成千上百位身穿藍色 T 恤的孩子、父母和社區成員，一起為終結霸凌而健走，這樣的活動可以用來籌集反霸凌資金，或只是提高反霸凌意識。健走可以由孩子自己發起，或是整個社區簡單地組織學生和教職人員：由學生主導，參加的族群無極限，但同時，成人不必特別要求孩子一定要做出巨大影響的結果，繞操場兩圈的健走就足以提醒整個學校學生意識到霸凌行為是不被接受的，且整個學校將終結霸凌視為優先。

讓每個學生都能有地方坐

如金鑰 1 中所述，霸凌通常發生在教室外面，無成人監督下的地區，如走廊、校車、儲物櫃房間和自助餐廳。成人可以促使學生集中精力在這些關鍵地方，來達到終結霸凌的目的。例如，學生可以在學校自助餐廳安排座位，確保每一天每個人都有一個地方坐下來好好吃頓午餐。

促進友善仁慈行為

學生主導倡議的活動可以不只專注於所有應該剷除的霸凌行為，還可以鼓勵學生透過有趣的方式促進建立學校學生間互相尊重的友善文化，孩子們可以彼此表現出友善的行為。學校廣播系統公開認可的學生作品，或

學生主導的友善行為活動,都可以作為他們積極促進友善行為的實際行動。這些活動須注意的是,除了使那些已經享受高度社交地位榮寵的學生們沉浸在彼此崇拜的光圈裡之外,必須確保那些應該從友善行為中受益的學生,不會被捨棄冷落在學校角落中。成人應確保這些友善行為活動的進行,不會造成對某些學生的排擠行為作用。

個人權力圈

被霸凌時往往使孩子感到無能為力,發展個人權力圈可以幫助孩子在面對或目擊正在發生的霸凌行為時,恢復控制外在環境的感覺。有興趣在終結校園霸凌行為方面有所努力的學生,可以領導同儕做以下這個簡單但非常有力的、幾乎無成本的三步紙筆活動:

1. 首先,要求同學在一張紙的中心畫一個中型大小的圓圈。在圓圈內,請他們寫下所有他們控制不了關於霸凌事件的東西(例如,霸凌的行為、事件發生的位置、受害人的反應、旁觀者的行為)。此階段進行一分鐘。

2. 接下來,指示同學再畫一個大圓圈圍住現有的圓圈。在這個圓圈裡面,他們需寫下當涉及霸凌事件時,他們確實擁有控制權的所有事情。同學應互相鼓勵、腦力激盪,思考創造關於他們可以為終結霸凌做的事情(例如:去接近被霸凌的兒童、拒絕一起旁觀嘲笑來滋養霸凌行為、以任何方式通報成人、勇敢告訴霸凌者「走開」)。此階段進行二分鐘。

3. 最後,孩子們應該一起討論,對於霸凌不可否認有一些事情是孩子們不能控制的,但其實在終結霸凌中,孩子還是能做很多事情,以發揮強大作用。重點是讓學生互相幫助,了解自己阻止和終結霸凌的力量,並獲得個人控制外在環境權力的感覺,改變他們的世界。

成人也可以領導這類型的活動,但在活動中討論的主體仍是學生,因

為來自孩子們鼓舞彼此所採取的行動才是真正終結霸凌的力量。

● 八字法則（譯註：八個英文字構成的字句。）

我經常在反霸凌活動結束時，挑戰參與者使用八個字來總結他們學習的結果。孩子們也可以在分組活動或全校性活動時與同儕一同挑戰，挑戰用八個字來形成簡單易記的反霸凌短語。八字法則可以繪製成海報貼在教室牆壁或學校走廊上，可以裝飾在校園裡，印在藍色 T 恤上，或出版在學校年鑑裡。八字法則是孩子們可以自己領導的簡單活動，也是一個讓整個學生團體思考和談論如何約束並進而終結霸凌很好的方式。

總結這本書的八字法則如下：

小事為之（則為大事），（必能）終結霸凌。

（**Little things become big things in stopping bullying.**）

十個持續溝通的實際可行策略

1. 不要讓學校或地方政治趨向否認霸凌的存在。衝突是正常生活的一部分，教會孩子如何去處理生活的衝突是教育的一部分。
2. 作一個終結霸凌永不知疲倦的父母。
3. 作一個永遠把終結霸凌列為首要工作的學校教職人員，在整個學年裡都將終結霸凌放在心上，不只是在發生霸凌危機時才注意。
4. 為孩子、專業人士、家長和社區策劃活動，以讓所有相關單位都積極參與終結霸凌。
5. 讓孩子們參與反霸凌計畫，使他們擁有終結霸凌的所有權、承諾的機會以及自豪的感覺。
6. 調查您工作學校的學生關於他們的霸凌經驗和觀察到的霸凌。
7. 徵求學生如何扭轉學校的反霸凌政策，使之能納入真正的日常實踐。

8. 將孩子分成小組，挑戰他們，想想在學校、課程、社區和家庭裡，可以做什麼來改變霸凌文化。

9. 贊助全學校性的反霸凌藍色 T 恤設計比賽。獲獎的設計可以成為校服的一部分，穿一天、一週、一個月或一年。

10. 超越學校聲譽和個人升遷的不安全感，真正以滿足兒童的需要為出發點。

　　隨著網際網路的發展，如同像綠草如茵般成長的組織，在我們的指尖下就蘊含了豐富的訊息。事實上，反霸凌運動正蓬勃發展著，這對我們所有人來說是個好消息。要從浩大寶貴的反霸凌資源宇宙裡，條列出一個可管理的資源表，是一個令人望而生畏的任務。以下不是為了壓倒您一切感官而列出與霸凌相關的可用書籍、組織及網站，僅是提供一小部分旨在給您方向的可用資源表。特別注意在金鑰 5 裡，已經單獨列出社交和情緒管理技能學習課程表的課程活動資源，以及包括為專業人士和家長推薦的兒童讀物。

書籍

- *Bullied: What Every Parent, Teacher, and Kid Needs to Know About Ending the Cycle of Fear*, by Carrie Goldman.
  作者以自己孩子的經驗為探索霸凌問題的催化劑，與讀者共享孩子們如何應對霸凌，以及如何建立社區接受並尊重多元文化的有效策略。

- *Bully: An Action Plan for Teachers, Parents, and Communities to Combat the Bullying Crisis*, by Lee Hirsch and Cynthia Lowen with Dina Santorelli.
  本書是 2012 年突破性紀錄片《霸凌》的好夥伴，由反霸凌專家、作者和教育者彙編文章、軼事、建議和可用的資源而成。

- *Bullying Hurts: Teaching Kindness Through Read Alouds and Guided Conversations*, by Lester Laminack and Reba Wadsworth.

作者基於相信大聲朗讀的經驗和被引導的對話可以幫助成人結束霸凌而寫成。本書作者展示了選定的兒童文學如何在教室中營造學生共同體氛圍，並同時幫助教育工作者設計滿足國家共同核心標準的課程。

- *Bullying in North American Schools*, by Dorothy Espelage and Susan Swearer.
  本書彙編了由該領域的領銜專家所做的關於學齡兒童霸凌的研究，書裡包括對學校及社區霸凌預防和介入計畫有用的建議。

- *Bullying Prevention and Intervention: Realistic Strategies for Schools*, by Susan M. Swearer, Dorothy Espelage, and Scott Napolitano.
  作者描述了在學校裡制止霸凌的實用方法，提供以學校為基礎的逐步預防和介入措施策略。陳述特殊主題包括如何讓教師、家長和同年齡層的兒童參與反霸凌活動。

- *Bullyproof Your Child for Life: Protect Your Child From Teasing, Taunting, and Bullying for Good*, by Joel Haber and Jenna Glazer.
  本書提供了從小學到高中的男孩和女孩都適用的具體策略，可以幫助孩子建立適應性，發展同情心，並在社交動態中茁壯成長。

- *The Bully, the Bullied, and the Bystander: From Preschool to High School—How Parents and Teachers Can Help Break the Cycle of Violence*, by Barbara Coloroso.
  作者在書中解析大多數霸凌情境下的三個主要角色（霸凌者、受害者、旁觀者），並給予讀者具體的策略，幫助讀者打破同儕侵略的循環。本書的更新版本更包含有助於解決網路霸凌的部分。

- *The Drama Years: Real Girls Talk About Surviving Middle School—Bullies, Brands, Body Image, and More*, by Haley Kilpatrick and Whitney Joiner.
  作者們提供了一個進入中學女孩世界的窗口，收錄來自全國女孩的真實

軼事，讓讀者深入了解戲劇性的青少年友誼和這些過渡時期產生的衝突挑戰。

● *Girlfighting: Betrayal and Rejection Among Girls*, by Lyn Mikel Brown.
作者透過訪談四百多個女孩，來審視社會規範如何培養和強化女孩的自我價值觀。作者認為壓抑隱藏憤怒的情緒，往往會導致女孩運用關係侵略霸凌和其他非直接表達憤怒的溝通方式來宣洩。

● *Odd Girl Out: The Hidden Culture of Aggression in Girls*, by Rachel Simmons.
這是一本揭示女孩世界關係霸凌的書。作者使用現實故事幫助讀者了解年輕女孩面臨被成人低估的挑戰，並提供讀者重要的策略，以支持孩子度過這個具有挑戰性的年齡。

● *Queen Bees and Wannabes: Helping Your Daughter Survive Cliques, Gossip, Boyfriends, and the New Realities of Girl World*, by Rosalind Wiseman.
這本書激發了好萊塢電影《辣妹過招》（*Mean Girls*）的拍攝，並為曾經隱藏的女孩友誼中的衝突發射出一道亮光。作者 Wiseman 提出對青少年熱情的創見，讓專業人士和家長大開眼界。

● *Reviving Ophelia: Saving the Selves of Adolescent Girls*, by Mary Pipher.
本書作者 Pipher 是最先引起社會關注於女孩的作者之一，本書並公開探討這些壓力如何影響女孩的行為，從霸凌他人到進食障礙，以及毒品上癮和精神健康的影響。

● *School Climate 2.0: Preventing Cyberbullying and Sexting One Classroom at a Time*, by Sameer Hinduja and Justin Patchin.
基於透過網路霸凌研究中心所進行的廣泛研究結果，作者們將孩子使用的電子科技與學校學習環境連接在一起，提供創造積極的學校學習氛圍的策略來抵禦網路霸凌和色情性暗示簡訊對青少年的侵略。

● *Sticks and Stones: Defeating the Culture of Bullying and Rediscovering the Power of Character and Empathy*, by Emily Bazelon.

作者透過嚴謹而詳細的研究，探索三個霸凌他人的年輕人的現實生活經驗，幫助讀者了解 21 世紀的霸凌樣貌，以及成年人如何幫助孩子們應付它。

網站與組織

● The Anti-Defamation League（反誹謗聯盟）

最初是成立來阻止誹謗猶太人的組織，但現在是全美首要的人權和人際關係機構之一。它是多元文化世界研究中心（A World of Difference Institute）所領導專為開發青少年反霸凌培訓課程和資源的機構（www.adl.org）。

● The Bully Project（反霸凌運動）

是由屢獲殊榮的紀錄片《霸凌》所啟發的社運行動計畫。這個網站主打教育家啟動工具箱光碟（the Educators DVD Activation Toolkit），光碟裡包括霸凌相關訊息、反霸凌活動的想法、啟動討論霸凌的方案，以及更多繼續終止霸凌的運動（www.thebullyproject.com）。

● Collaborative for Academic, Social and Emotional Learning（CASEL）
（學業、社會、情感協同學習組織）

是由著名的書籍《情緒商數》（*Emotional Intelligence*）作家 Daniel Goleman 共同創立的一個非營利組織，致力於將學業、社會和情感學習作為教育的重要組成部分（www.casel.org）。

● Committee for Children（兒童福利委員會）

是一個非營利組織，工作以促進全球兒童的社交和學科成功為主。其全

面的霸凌預防資源，包括針對訓練中小學生如何達到尊重的步驟，以及其他預防霸凌的相關計畫（www.cfchildren.org）。

● The Cyberbullying Research Center（網路霸凌研究中心）
由學者 Sameer Hinduja 和 Justin Patchin 共同創建，提供關於青少年線上霸凌的本質和程度的最新訊息。它為教育工作者、家長和青少年提供理解和制止網路霸凌的資源（www.cyberbullying.us）。

● Facing History and Ourselves（面對我們自己和過去）
是一個讓教育工作者向年輕人傳授公民責任、寬容和社會運動的組織。它提供教育工作者創造安全和關懷學校學習環境的訊息資源，和霸凌這部電影的討論策略工具箱（www.facinghistory.org）。

● The Gay, Lesbian, and Straight Education Network（GLSEN）（性向教育工作網）
是領先型的國家教育組織，專注於確保所有學生的安全學習學校環境。其學校學習氛圍調查提供有關 LGBT 學生遭到霸凌、騷擾或歧視的訊息給國家公民權利辦公室（www.glsen.org）。

● Kind Campaign（仁慈運動）
是由兩個曾經受過女性霸凌影響的大學朋友 Lauren Parsekian 和 Molly Thompson 所創辦，以舉辦國際公認的運動、拍攝紀錄片和錄製學校節目為主，旨在提高群眾對霸凌產生的影響和療傷過程的認識（www.kindcampaign.com）。

● The Megan Meier Foundation（梅根基金會）
由 Tina Meier 成立，用以紀念她因無情的網路霸凌而自殺的 13 歲女兒 Megan。基金會的使命是持續透過傳播 Megan 的故事來提醒群眾網路霸凌的影響，並教孩子使用網路的安全性，直到網路霸凌不復存在（www.

meganmeierfoundation.org）。

● National Center for Learning Disabilities（NCLD）（國家學習障礙中心）
旨在透過授權和宣傳活動改善所有學習困難和失能者的生活，並與 The
Bully Project 合作吸引全國注意有關學習障礙和身心障礙霸凌的問題，並
投入時間和資源以防止和制止霸凌（www.ncld.org）。

● National School Climate Center（NCSS）（國家學習環境中心）
是一個幫助學校將社交和情緒管理技能學習與學術指導相結合的組織，
並與全國學校合作，以各種方式防止霸凌發生並促進符合社會規範標準
的行為。重要資源包括「打破霸凌者—受害者—旁觀者循環工具箱：創
造安全學習氛圍和社會責任」（www.schoolclimate.org）。

● The Olweus Bullying Prevention Program（OBPP）（歐威霸凌預防計畫）
最初成立於挪威，是世界上使用最廣的霸凌預防計畫之一。其全方位系
統策略旨在促進個人、教室、學校和社區四個不同層次的改變（www.
violencepreventionworks.org）。

● PACER's National Bullying Prevention Center（PACER 國家霸凌預防中
心）
旨在提供所有學生，包括身心障礙學生受益的資源，其目標是透過創造
性、相關性和互動性的資源，教育全國的社區團結在一起，共同參與防
治霸凌（www.PACERkidsagainstbullying.org 和 www.PACERTeensAgainst
Bullying.org）。

● ParentCentral.net（家長中心網站）
是 TeenCentral（www.teencentral.net）的姊妹網站，提供了一個家長可以
與諮商師和其他親職專家溝通，並在 24 小時內收到回覆的網站（www.
parentcentral.net）。

- Roots of Empathy（同理心種子計畫）

  是一個實證本位的班級課堂方案，目的在減少學校學童間的攻擊行為。此組織同時在提高社交和情緒管理能力和增加同理心方面，已有非常卓越的成果。其獨特的方法是讓擁有嬰兒的家長在每學年利用三週時間參與某一所學校的課堂活動。透過與該父母和嬰兒的互動過程，孩子變得更有能力了解自己的感覺和他人的感受（同理），也比較不太可能去霸凌同儕，達到防治霸凌的目標（www.rootsofempathy.org）。

- Stand for the Silent（沉默代表）

  是 Smalley 夫婦分享他們兒子故事的平臺，Ty Field-Smalley 是《霸凌》紀錄片裡一個 11 歲的男孩，他從學校休學後選擇用自殺的方式來對一個霸凌他超過兩年的同學進行報復。此組織提供許多教育方案和工具，旨在防止這樣的悲劇再度發生在另一個家庭（www.standforthesilent.com）。

- Stop-Bullies.com（終止霸凌網站）

  透過電子月報、演講、培訓和諮詢，提供專業人員和家長預防霸凌最新的相關訊息（www.stop-bullies.com）。

- StopBullying.gov（政府終止霸凌網站）

  由美國健康和人權服務部管理的一個網站，提供家長、專業人士、社區成員和孩子關於霸凌的更新訊息和資源（www.stopbullying.gov）。

- Stop Bullying Now（立即終止霸凌）

  是一個以 Stan Davis 博士的研究和發現為特色的網站，他與 Charisse Nixon博士一起開創了青少年之聲的研究案。此網站目前主要提供終結霸凌的策略、建議、研究和介入方案（www.stopbullyingnow.com）。

- Stop Bullying: Speak Up（終止霸凌）

  由卡通頻道（Cartoon Network）提供，使用名人、影片、制止霸凌承諾和其他能吸引孩子的強大拒絕霸凌訊息來親近孩子。此網站也為家長和教育者提供了指點、策略和完整的工具包（http://www.cartoonnetwork.com/promos/stopbullying/index.html）。

- STOP Cyberbullying（終止網路霸凌）

  是由律師暨網路霸凌專家 Parry Aftab 和有線安全群組公司共創的程式。該網站提供訊息、指示、制止網路霸凌的工具包以及網路遊戲，以幫助終結網路霸凌（www.stopcyberbullying.org）。

- Sweethearts and Heroes（甜心與英雄）

  是由兩位動態表演者 Tom Murphy 和 Jason Spector 所建立的組織，他們兩位使用綜合格鬥（Mixed Martial Arts, MMA）為背景來吸引學生，並傳遞學生關於何謂容忍、霸凌的重要訊息，最重要的是關於霸凌發生時該如何行動的計畫。網站的集體目標是幫助培養學校成為正向積極學習氛圍的環境，在此孩子們拒絕讓霸凌發生（www.sweetheartsandheroes.com）。

- TeenCentral.net（青少年中心網站）

  是一個青少年可以完全免費和匿名造訪的網站，在網站上分享他們的個人故事，閱讀同儕的經驗，並向同儕用戶回應提供支持。然而，與其他社交網站聊天室或留言板不同的地方，在於所有的回應皆由專業專家顧問監控，專家顧問還提供對青少年故事的專家建議回應。這是一個專門用於幫助孩子理解和應對霸凌的網站（www.teencentral.net）。

- The Trevor Project（特雷弗計畫）

  是為 LGBTQ 青少年提供危機介入和自殺預防服務的領導型國家組織。除了經營全國唯一的 LGBTQ 青少年和青年危機生命線之外，此網站一直是

反霸凌行動的主要啟動者及危機管理資源網（www.trevorproject.org）。

- The Youth Voice Project（青年之聲計畫）

  是基於 Stan Davis 和 Charisse Nixon 兩位博士的工作而設。它的目標是編制一套知識描述對霸凌最有幫助的介入措施，以減少學校的霸凌和騷擾的發生。兩位學者旨在使用這些訊息來指導教育學者、家長和青少年採取有效的介入措施，以減少霸凌的發生和最佳化學生的發展（www.yo-uthvoiceproject.com）。

友好行為
給教師與家長終結霸凌的八把金鑰

Anthony, M., & Lindert, R. (2010). *Little girls can be mean: Four steps to bully-proof girls in the early grades.* New York: St. Martin's Griffen.

Bazelon, E. (2013). *Sticks and stones: Defeating the culture of bullying and rediscovering the power of character and empathy.* New York: Random House.

Borba, M. (2009). *The big book of parenting solutions: 101 answers to your everyday challenges and wildest worries.* San Francisco: Jossey-Bass.

Brokenleg, M., & Long, N. (2013). Problems as opportunity: Meeting growth needs. *Reclaiming Children and Youth, 22*(1), 36–37.

Brown, P. L. (2013, April 3). Opening up, students transform a vicious circle. *New York Times.* Retrieved from http://www.nytimes.com/2013/04/04/education/restorative-justice-programs-take-root-in-schools.html?pagewanted=all&_r=0

Centre for Justice and Reconciliation. (2008). What is restorative justice? [Briefing paper]. Retrieved from http://www.pfi.org/cjr/restorative-justice/introduction-to-restorative-justice-practice-and-outcomes/briefings/what-is-restorative-justice

Center for Safe Schools. (2012). *Pennsylvania Bullying Prevention Toolkit: Resources for parents, educators, and professionals serving children, youth and families.* Retrieved from http://www.safeschools.info/bp_toolkit.pdf

Centers for Disease Control and Prevention. (2012). Prevalence of autism spectrum disorders—Autism and Developmental Disabilities Monitoring Network, 14 sites, United States, 2008. *MMWR, 61*(SS03), 1–19. Retrieved from http://www.cdc.gov/mmwr/preview/mmwrhtml/ss6103a1.htm?s_cid=ss6103a1_

Chambers, J. C. (2012, June 24). Kid whispering tactics: The inside kid. Lecture at Black Hills Seminars, Reclaiming Youth Conference, Rapid City, SD.

Collaborative for Academic, Social, and Emotional Learning (CASEL).

(2011). Bullying: Social and emotional learning and bullying pre-
vention. Retrieved from http://casel.org/in-schools/bullying/

Collier, A., Swearer, S., Doces, M., & Jones, L. (2012). *Changing the
culture: Ideas for student action.* Retrieved from the Born This Way
Foundation and the Berkman Center for Internet and Society at
Harvard University:http://cyber.law.harvard.edu/sites/cyber.law.har-
vard.edu/files/IdeasForStudents.pdf

Coloroso, B. (2008). *The bully, the bullied, and the bystander: From pre-
school to high school—how parents and teachers can help break the
cycle of violence.* New York: HarperCollins.

Committee for Children. (2013). Social-emotional learning and bully-
ing prevention [white paper]. Retrieved from http://www.cfchildren.
org/Portals/0/Home/H_DOC/SEL_Bullying_Paper.pdf

Crouch, G. (2013). Issue SnapShot: Cyber-bullying. Retrieved from
MediaBadger: http://www.scribd.com/doc/151972890/SocMed-Snap-
Bullying-Jun13-CH

Davis, S., & Nixon, C. (2010). *The Youth Voice Research Project: Vic-
timization and strategies.* Retrieved from http://www.youthvoicepro
ject.com/

Dewar, G. (2008). When bullies get bullied by others: Understanding
bully-victims. Retrieved from Parenting Science: http://www.parent
ingscience.com/bully-victims.html

DiMarco, J. (2011, October 28). Parents take the lead to prevent bully-
ing [blog post]. *Parenting.* Retrieved from http://www.parenting.com
/blogs/mom-congress/jacqui-dimarco/parents-take-lead-prevent-
bullying

Eliot, M., & Cornell, D. (2009). Bullying in middle school as a func-
tion of insecure attachment and aggressive attitudes. *School Psy-
chology International,* 30(2), 201–214. http://dx.doi.org/10.1177/
0143034309104148

Ericson, N. (2001). *Addressing the problem of juvenile bullying.* FS-
200127. Washington, DC: U.S. Department of Justice, Office of
Justice Programs, Office of Juvenile Justice and Delinquency Pro-
grams.

Espelage, D. L., & Swearer, S. M. (Eds.). (2010). *Bullying in North
American schools.* New York: Routledge.

Faris, R., & Felmlee, D. (2011). Status struggles: Network centrality
and gender segregation in same- and cross-gender aggression. *Amer-
ican Sociological Review,* 76, 48–73.

Goldman, C. (2012). *Bullied: What every parent, teacher, and kid needs
to know about ending the cycle of fear.* New York: Harper One.

Haber, J. (2007). *Bullyproof your child for life.* New York: Perigee Trade.

Harvard Graduate School of Education. (2013). Assess the school environment. Retrieved from http://isites.harvard.edu/icb/icb.do?keyword =making_caring_common&pageid=icb.page575161

Hawkins, D. L., Pepler, D. J., & Craig, W. M. (2001). Naturalistic observations of peer interventions in bullying. *Social Development, 10*(4), 512–527.

Hinduja, S., & Patchin, J. (2010). Cyberbullying: Identification, prevention and response [fact sheet]. Retrieved from http://www.cyber bullying.us/cyberbullying_fact_sheet.pdf

Hirsch, L., & Lowen, C. (Eds.). (2012). *Bully: An action plan for teachers, parents, and communities to combat the bullying crisis.* New York: Weinstein.

Horowitz, S. H. (2013). The truth about bullying and LD. Retrieved from National Center for Learning Disabilities: http://www.ncld .org/parents-child-disabilities/bullying/truth-about-bullying-ld

Kraft, E. M., & Wang, J. (2009, July–December). Effectiveness of cyber bullying prevention strategies: A study on students' perspectives. *International Journal of Cyber Criminology, 3,* 513–535. Retrieved from www.cybercrimejournal.com/KraftwangJulyIJCC2009.pdf

Laugeson, L. (2013). Comebacks for being teased [video file]. Retrieved from Kidsinthehouse: http://www.kidsinthehouse.com/video/come backs-being-teased

Long, N., Long, J., & Whitson, S. (2009). *The angry smile: The psychology of passive aggressive behavior in families, schools, and workplaces* (2nd ed.). Austin, TX: Pro-ED.

Ludwig, T. (2010). *Confessions of a former bully.* New York: Random House.

Ludwig, T. (2013, February 20). How to talk to your kids about bullying [blog post]. Retrieved from http://www.aplatformforgood.org/blog/ entry/how-to-talk-to-your-kids-about-bullying

Lumeng, J. C., Forrest, P., Appugliese, D. P., Kaciroti, N., Corwyn, R. F., & Bradley, R. H. (2010). Weight status as a predictor of being bullied in third through sixth grades. *Pediatrics, 125*(6), e1301–e1307. http://dx.doi: 10.1542/peds.2009-0774

Marini, Z., & Dane, A. (2010). What's a bully-victim? Retrieved from Education.com: http://www.education.com/reference/article/what-is-a-bully-victim/

McCready, A. (2012). A little "I'm sorry" goes a long way. In L. Hirsch & C. Lowen (Eds.), *Bully: An action plan for teachers, parents, and* communities to combat the bullying crisis (pp. 71–87). New York: Weinstein.

Olweus, D., Limber, S. P., Flerx, V. C., Mullin, N., Riese, J., & Snyder, M. (2007). *Olweus bullying prevention program: Teacher guide.* Center City, MN: Hazelden.

PACER's National Bullying Prevention Center. (2012). Statistics on Bullying. Retrieved from http://www.pacer.org/bullying/about/media-kit/stats.asp.

Rodkin, P. C., & Hodges, E. V. E. (2003). Bullies and victims in the peer ecology: Four questions for psychologists and school professionals. *School Psychology Review, 32*(3), 384–400. Retrieved from http://courses.washington.edu/nurs509/bully/PeerEcology.pdf

Savage, D. (2012). *It gets better: Coming out, overcoming bullying, and creating a life worth living.* New York: Plume

Schumacher, A. W. (2013, February 19). "Bully" is not a noun [blog post]. Retrieved from Committee for Children: http://www.cfchildren.org/advocacy/about-us/e-newsletter/articletype/articleview/articleid/16593.aspx

Silverman, R. (2012). Bullying has legs . . . and teeth. In L. Hirsch & C. Lowen (Eds.), *Bully: An action plan for teachers, parents, and communities to combat the bullying crisis* (pp. 47–59). New York: Weinstein.

Simmons, R. (2010). *The curse of the good girl: Raising authentic girls with courage and confidence.* New York: Penguin.

Simmons, R. (2011). *Odd girl out: The hidden culture of aggression in girls.* New York: First Mariner.

Sourander, A., Jensen, P., Rönning, J. A., Niemelä, S., Helenius, H., Sillanmäki, L . . . Almqvist, F. (2007). What is the early adulthood outcome of boys who bully or are bullied in childhood? The Finnish "From a Boy to a Man" study. *Pediatrics, 120*(2), 397–404. Retrieved from http://www.pediatricsdigest.mobi/content/120/2/397.full

Stanford University Medical Center. (2007, April 12). School bullying affects majority of elementary students. *ScienceDaily.* Retrieved October 21, 2013, from http://www.sciencedaily.com/releases/2007/04/070412072345.htm

Steinberg, L. (2008). A social neuroscience perspective on adolescent risk-taking. *Developmental Review, 28,* 78–106.

Taylor, R. (Producer). (2013, June 25). Sweethearts and heroes: A STT exclusive [audio podcast]. Retrieved from Spreaker: http://www.spreaker.com/user/smarterteamtraining/sweethearts_and_heroes_a_stt_exclusive

Tucker, C. J., Finkelhor, D., Turner, H., & Shattuck, A. (2013). Association of sibling aggression with child and adolescent mental health. *Pediatrics, 132*(1), 79–84; published ahead of print June 17, 2013, doi:10.1542/peds.2012-3801.

U.S. Department of Health and Human Services. (2013). Bullying and children and youth with disabilities and special health needs. Retrieved from http://www.stopbullying.gov/at-risk/groups/special-needs/BullyingTipSheet.pdf

Wendorf, J. (2012). Bullying's special problem. In L. Hirsch & C. Lowen (Eds.), *Bully: An action plan for teachers, parents, and communities to combat the bullying crisis* (pp. 105–108). New York: Weinstein.

Whitson, S. (2011a). *Friendship and other weapons: Group activities to help young girls aged 5–11 to cope with bullying.* London: Jessica Kingsley.

Whitson, S. (2011b). *How to be angry: An assertive anger expression group guide for kids and teens.* London: Jessica Kingsley.

Willick, F. (2013, July 5). Cyberbullies branch out. *Chronicle Herald.* Retrieved from http://thechronicleherald.ca/novascotia/1140177-cyberbullies-branch-out#.UdlGlDo9gns.facebook

Wilton, M. M., Craig, W. M., & Pepler, D. J. (2000). Emotional regulation and display in classroom victims of bullying: Characteristic expressions of affect, coping styles, and relevant contextual factors. *Social Development, 9*(2), 226–245.

Winner, M. G. (2013, May 9). Implementing Social Thinking® concepts and vocabulary into the home and school day. *Social Thinking.* Lecture conducted in Hunt Valley, MD.

Wiseman, R. (2009). *Queen bees and wannabees: Helping your daughter survive cliques, gossip, boyfriends, and the new realities of girl world.* New York: Three Rivers.

Wright, J. (2013, April 19). *Bullying: What it is and what schools can do about it.* Retrieved from Intervention Central: http://www.interventioncentral.org/behavioral-interventions/bully-prevention/bullying-what-it-what-schools-can-do-about-it

國家圖書館出版品預行編目（CIP）資料

友好行為：給教師與家長終結霸凌的八把金
鑰／Signe Whitson 著；林靜君譯.
--初版.--新北市：心理，2018.09
　　面；　公分.--（教育現場系列；41152）
　　譯自：8 keys to end bullying: strategies for
　　　　　parents & schools
　　ISBN 978-986-191-834-1（平裝）

1. 校園霸凌　2. 網路霸凌

527.47　　　　　　　　　　　　　107012185

教育現場系列 41152

友好行為：給教師與家長終結霸凌的八把金鑰

作　　者：Signe Whitson

校 閱 者：王慧婷

譯　　者：林靜君

執行編輯：高碧嶸

總 編 輯：林敬堯

發 行 人：洪有義

出 版 者：心理出版社股份有限公司

地　　址：231 新北市新店區光明街 288 號 7 樓

電　　話：(02) 29150566

傳　　真：(02) 29152928

郵撥帳號：19293172 心理出版社股份有限公司

網　　址：http://www.psy.com.tw

電子信箱：psychoco@ms15.hinet.net

駐美代表：Lisa Wu（lisawu99@optonline.net）

排 版 者：龍虎電腦排版股份有限公司

印 刷 者：龍虎電腦排版股份有限公司

初版一刷：2018 年 9 月

Ｉ Ｓ Ｂ Ｎ：978-986-191-834-1

定　　價：新台幣 280 元